Castel-Taleb

Agrégations pour garantir la QoS des réseaux complexes

Hind Castel-Taleb

Agrégations pour garantir la QoS des réseaux complexes

Éditions universitaires européennes

Mentions légales / Imprint (applicable pour l'Allemagne seulement / only for Germany)
Information bibliographique publiée par la Deutsche Nationalbibliothek: La Deutsche Nationalbibliothek inscrit cette publication à la Deutsche Nationalbibliografie; des données bibliographiques détaillées sont disponibles sur internet à l'adresse http://dnb.d-nb.de.
Toutes marques et noms de produits mentionnés dans ce livre demeurent sous la protection des marques, des marques déposées et des brevets, et sont des marques ou des marques déposées de leurs détenteurs respectifs. L'utilisation des marques, noms de produits, noms communs, noms commerciaux, descriptions de produits, etc, même sans qu'ils soient mentionnés de façon particulière dans ce livre ne signifie en aucune façon que ces noms peuvent être utilisés sans restriction à l'égard de la législation pour la protection des marques et des marques déposées et pourraient donc être utilisés par quiconque.

Photo de la couverture: www.ingimage.com

Editeur: Éditions universitaires européennes est une marque déposée de
Südwestdeutscher Verlag für Hochschulschriften GmbH & Co. KG
Heinrich-Böcking-Str. 6-8, 66121 Sarrebruck, Allemagne
Téléphone +49 681 37 20 271-1, Fax +49 681 37 20 271-0
Email: info@editions-ue.com

Agréé par: Paris, Université Pierre et Marie Curie, 2011

Produit en Allemagne:
Schaltungsdienst Lange o.H.G., Berlin
Books on Demand GmbH, Norderstedt
Reha GmbH, Saarbrücken
Amazon Distribution GmbH, Leipzig
ISBN: 978-613-1-59637-7

Imprint (only for USA, GB)
Bibliographic information published by the Deutsche Nationalbibliothek: The Deutsche Nationalbibliothek lists this publication in the Deutsche Nationalbibliografie; detailed bibliographic data are available in the Internet at http://dnb.d-nb.de.
Any brand names and product names mentioned in this book are subject to trademark, brand or patent protection and are trademarks or registered trademarks of their respective holders. The use of brand names, product names, common names, trade names, product descriptions etc. even without a particular marking in this works is in no way to be construed to mean that such names may be regarded as unrestricted in respect of trademark and brand protection legislation and could thus be used by anyone.

Cover image: www.ingimage.com

Publisher: Éditions universitaires européennes is an imprint of the publishing house
Südwestdeutscher Verlag für Hochschulschriften GmbH & Co. KG
Heinrich-Böcking-Str. 6-8, 66121 Saarbrücken, Germany
Phone +49 681 37 20 271-1, Fax +49 681 37 20 271-0
Email: info@editions-ue.com

Printed in the U.S.A.
Printed in the U.K. by (see last page)
ISBN: 978-613-1-59637-7

Agrégations pour garantir la QoS des réseaux complexes

Hind Castel-Taleb

Table des matières

3

Résumé

Aujourd'hui, les réseaux sont de plus en plus complexes en termes de nombres de noeuds, de diversité de flux (débits, tailles de paquets, variabilité du trafic), ou encore de types de protocoles. La garantie de la QoS (Quality of Service) demeure un problème important et difficile à résoudre.

Deux aspects importants ayant un impact sur la QoS sont présentés dans cet ouvrage : la gestion du trafic, et les méthodes d'évaluation des performances basées sur les bornes stochastiques afin de dimensionner le réseau. L'agrégation est un mécanisme très intuitif et très présent dans les réseaux de communication.

J'ai étudié l'agrégation dans des domaines assez différents. Celui du trafic, et celui des modèles d'analyse quantitative basés sur les chaînes de Markov. Dans les deux cas, l'idée est similaire : on cherche à regrouper des entités (paquets ou états) c'est-à-dire à agréger un ensemble de paquets ou d'états d'une chaîne de Markov. Ainsi, on obtient des macro-entités (macro-paquets ou macro-états) afin d'obtenir un système agrégé ou simplifié. Dans le cas de l'agrégation de trafic, la description du trafic agrégé est simplifiée : le profil est souvent lissé et les paquets peuvent avoir des tailles identiques. Pour ce qui est des chaînes de Markov, on définit une chaine agrégée de taille réduite.

Différents algorithmes d'agrégation de trafic prenant en compte la QoS des flux IP sont présentés afin de définir des paquets optiques agrégés. L'idée est d'améliorer l'utilisation de la bande passante de la fibre optique, et donc les performances du réseau. Une analyse mathématique a été proposée afin d'analyser les performances de ces algorithmes en termes de délais et d'efficacité d'agrégation.

Au niveau des méthodes d'analyse des performances, un algorithme d'agrégation de chaines de Markov multidimensionnelles est proposé.

L'intérêt de cette étude est de construire une chaîne de Markov de taille réduite à partir de laquelle on pourra calculer des mesures de performance bornantes. L'algorithme d'agrégation permet de proposer un compromis entre qualité de la borne et complexité de calculs, pour l'encadrement des mesures de performance. De plus, aussi bien des mesures bornantes stationnaires que transitoires peuvent être déduites.

Il est clair que l'agrégation de trafic et l'agrégation des systèmes markoviens sont des techniques différentes. Toutefois, elles contribuent toutes les deux d'une manière efficace à la garantie de la QoS dans les réseaux de communication.

Chapitre 1

Introduction

Le développement croissant des usages et des services de communication (messagerie, Web, vidéo à la demande, réseaux sociaux,...) a augmenté d'une manière considérable le volume de trafic à transporter dans les réseaux. La variété des services, ayant des exigences différentes en QoS (Quality of Service) rend difficile la conception d'un réseau répondant à l'ensemble de ces contraintes. Aujourd'hui, les réseaux sont de plus en plus complexes en termes de diversité de flux (débits, tailles de paquets, variabilité du trafic), d'hétérogénéité des composantes et/ou sous-réseaux, ou encore de types de protocoles.

Malgré l'évolution des technologies, la garantie de la QoS demeure un problème important mais aussi difficile à résoudre. Il est indispensable de définir des règles efficaces permettant aux équipements dans les réseaux d'écouler le trafic demandé par l'usager. De plus, il faut faire appel à des méthodes efficaces d'évaluation des performances afin d'évaluer les capacités des équipements en écoulement de trafic.

L'objectif de mes travaux de recherches a été l'étude de ces deux aspects, qui ont un impact important sur la garantie de la QoS des réseaux. Plus précisément, il s'agit de la gestion de trafic dans des réseaux haut débit optiques, et le développement de méthodes d'évaluation des performances de réseaux de grande taille.

1.1 Objectifs et études réalisées

La complexité des réseaux actuels fait qu'il est souvent indispensable de faire appel à des techniques d'agrégation, afin de prendre en charge un mécanisme dans sa globalité, en oubliant certains détails jugés non pertinents. Dans mes travaux de recherche, l'agrégation a été considérée dans deux contextes très différents. Dans le domaine de l'ingénierie de trafic, il s'agit d'agréger les paquets IP de façon à construire des macro-paquets optiques. La nécessité de l'agrégation provient du fait qu'un certain nombre de paquets IP sont de petites tailles (à cause des acquittements dans TCP), et que pour construire un paquet optique, il faut ajouter un en-tête. Il est alors indispensable de définir des paquets optiques suffisamment grands pour obtenir une bonne utilisation de la bande passante du support de transmission.

Dans celui des méthodes d'évaluation des performances, il s'agit d'agréger des modèles mathématiques basés sur les chaînes de Markov afin d'évaluer les performances de systèmes complexes.

L'idée de l'agrégation est similaire dans les deux cas : on simplifie un système en ne retenant que les détails pertinents afin de pouvoir le faire fonctionner. Ainsi, avec l'agrégation de trafic, on oublie certains détails tels que les adresses de destination ou le niveau de QoS de chaque paquet individuel. On obtient ainsi un trafic dont la description est plus simple : les paquets peuvent avoir une taille fixe, et le profil est souvent moins variable. L'agrégation de trafic est importante dans les réseaux pour garantir une meilleure utilisation des ressources, améliorant ainsi les performances du réseau. Ces mécanismes ont été proposés plus précisément à l'interface du réseau optique [6, 15, 32] où il s'agit d'adapter le trafic IP asynchrone à un réseau optique synchrone. De plus, la QoS de différents flux de paquets IP a été prise en compte dans le cadre d'un réseau de paquets multi-service.

Ainsi les objectifs de ces études sont :

1. Proposer des mécanismes d'agrégation de trafic IP avec timer et prenant en compte les différents niveaux de QoS des flux, afin de construire des paquets optiques.

2. Evaluer mathématiquement ces algorithmes afin de calculer l'efficacité et les délais d'agrégation.

3. Effectuer des simulations afin de prendre en compte des trafics non poissonniens tels que des trafics self-similaires.

4. Analyser mathématiquement les performances d'un MAN optique en étudiant le problème d'équité entre les stations en fonction des différents formats de paquets optiques.

L'agrégation de modèles de grandes tailles tels que les réseaux de files d'attente ou les chaînes de Markov n'est pas récente. Ainsi pour des réseaux bien particuliers tels que les files en tandem [43], on peut regrouper les stations de façon à obtenir une station équivalente. Dans [4], on propose d'agréger des chaînes de Markov ayant des propriétés de "décomposabilité". L'algorithme de Courtois partitionne l'espace d'états en sous-ensembles d'états, dits également macro-états. Il s'agit d'une méthode approximative permettant de décomposer un système en sous-structures analysées séparément. Des études similaires ont également été proposées dans [7, 25, 36] par analyse de sous-chaînes et/ou agrégation de l'espace d'état. Ces études s'appliquent bien à des systèmes où on peut identifier un sous-espace où le processus passe le plus de temps. C'est le cas des systèmes soumis à des pannes car le processus est essentiellement dans des états de fonctionnement, la panne est un événement rare. L'intérêt de ces études est de calculer des bornes de mesures de performances sur des distributions de probabilité stationnaires de tailles plus petites.

Les méthodes d'agrégation que j'ai étudiées sont basées sur la comparaison stochastique par fonctions de projections. Elles ont l'avantage de déduire des bornes de mesures de performance aussi bien stationnaires que transitoires. La connaissance d'une mesure de performance ou de fiabilité transitoire telle qu'une probabilité de panne ou de blocage d'un système à tout instant t est une information très importante pour le maintien de la QoS du système. Concrètement, cela permet de mettre en place des procédures dynamiques (algorithme de routage, contrôle de flux, redondances de composante) afin de mieux garantir la QoS.

D'une manière générale, l'application des méthodes de bornes stochastiques à des chaînes de Markov difficiles à analyser (de grande taille, et dont la distribution de probabilité n'a pas de solution évidente) peut se faire de différentes façons. L'idée est de comparer des chaînes de Markov bornantes soit agrégées et donc de taille réduite, soit dont la distribution de probabilité est calculable mathématiquement. Dans les deux cas, on peut calculer des mesures de performances bornantes afin d'encadrer les mesures exactes d'un système. La comparaison stochastique de chaînes de Markov multidimensionnelles est complexe car si on définit un ordre partiel sur l'espace d'états tel que l'ordre composante par composante, alors différents types d'ordres stochastiques peuvent être définis [39, 41]. Certaines études d'agrégations bornantes sur des espaces multidimensionnels concernent des espaces d'états totalement ordonnés. Ainsi, dans [51], la construction d'une matrice bornante "lumpable" (ou agrégeable) a été proposée sur un espace totalement ordonné. Un algorithme basé sur les bornes stochastiques et la propriété d'agrégeabilité (ou lumpability) a été défini dans [29]. Dans [33], on borne la matrice initiale par une matrice "C-lumpable" afin de calculer des mesures de performance bornantes. Contrairement à ces études, j'ai essentiellement travaillé sur des espaces partiellement ordonnés avec le plus souvent l'ordre composante par composante. Ainsi, un algorithme d'agrégation bornante de chaînes de Markov multidimensionnelles a été défini [13]. L'intérêt de cet algorithme est de générer des chaînes de Markov de tailles paramétrables permettant de définir un compromis entre qualité et complexité de calcul. Globalement, j'ai étudié les ordres stochastiques sur des espaces multidimensionnels, plus précisément les ordres construits à partir des ensembles croissants [39] afin de les appliquer [45,49] dans le domaine des réseaux de files d'attente. Les objectifs de ces études sont :

1. Etablir des relations entre les différents ordres stochastiques définis sur des espaces multidimensionnels.

2. Savoir quelle méthode de comparaison stochastique choisir en fonction du type d'indice de performance à calculer.

3. Définir un algorithme d'agrégation bornante et obtenir des chaînes agrégées paramétrables afin de proposer un compromis entre complexité de calcul et qualité des bornes.

4. Présenter différents exemples d'application de ces méthodes pour évaluer les performances et la fiabilité des systèmes.

1.2 Organisation du document

Les études présentées dans ce document sont assez variées, et montrent bien l'étendue des problématiques actuelles des réseaux. D'une part, on s'intéresse à des mécanismes d'agrégation de trafic pour des réseaux haut débit, et d'autre part on étudie les méthodes de bornes dans le cas d'espaces multidimensionnels. Dans les deux cas, nous faisons appel à des méthodes mathématiques d'évaluation de performances. Pour ce qui est des réseaux optiques, on évalue le mécanisme d'agrégation de trafic en utilisant des chaînes de Markov. Pour les bornes stochastiques, on cherche à développer des méthodes mathématiques afin d'évaluer les performances des systèmes complexes. Le document présente un résumé de ces études selon le plan suivant :

1.2.1 Chapitre 1 : gestion de trafic dans les réseaux optiques

Un algorithme d'agrégation de paquets IP a été proposé [15,20] afin d'adapter le trafic à un réseau métropolitain optique (Metropolitan Area Networks-MANs). Ce mécanisme est conçu pour supporter directement le trafic IP dans les réseaux WDM (Wavelength-Division Multiplexing) tout en respectant les différents critères de qualité de service. Le support de la QoS est assuré par l'utilisation d'un temporisateur et par la répartition du trafic IP en plusieurs classes de service dans les noeuds d'accès du réseau optique. Après agrégation, les paquets optiques construits de taille fixe appartiendront à la même classe de service ce qui simplifie le plan de contrôle du réseau optique. L'évaluation des performances de ce mécanisme d'agrégation vise à calculer deux mesures : l'efficacité de l'agrégation qui permet d'évaluer le taux d'utilisation de la bande passante et les délais d'agrégation. Différents algorithmes d'agrégation ont été définis prenant en compte un certain nombre de paramètres tels que le timer ou la QoS des flux. Ainsi, certaines variantes ont été étudiées comme la possibilité ou non de segmenter les paquets IP, ou mettre en place des mécanismes déterministes ou probabilistes d'agrégation. Une analyse mathématique a été proposée afin d'analyser les performances de ces algorithmes. Les délais ainsi que l'efficacité d'agrégation sont étudiés en fonction de certains paramètres tels que les distributions de probabilités de la taille des paquets IP, la valeur du timer, et le type de trafic (poissonnien ou self-similaire). Les résultats sont assez logiques : pour avoir une bonne efficacité d'agrégation, il faut attendre suffisamment longtemps. D'où l'intérêt d'introduire un timer afin de limiter ce temps d'attente, et de proposer un compromis entre efficacité et délai d'agrégation. On a pu remarquer aussi l'influence de la segmentation des paquets IP pour améliorer l'efficacité de remplissage de la payload du paquet optique. Nous avons supposé ensuite que les stations émettant les paquets optiques étaient connectées à un MAN (Metropolitan Area Network), ayant une structure en anneau. Nous avons évalué les performances du MAN en fonction de différents formats de paquets optiques, et du rang de la station dans l'anneau. La structuration de la payload en paquets optiques peut se faire selon différents formats de paquets. En mode de transmission synchrone, il existe le format FLP (Fixed Length Packet) ou SVLP (Slotted Variable Length Packets). Dans le format FLP la payload est mise dans des slots indépendants, représentant chacun un paquet optique avec un header, et un temps

9

de garde. Dans le cas du format SVLP, dit aussi "train of slots" la payload est insérée dans des slots contigus, avec un seul header et temps de garde. Le protocole MAC (Medium Access Control) étudié est du type "empty slot", donnant la priorité de service à la station la plus en amont dans l'anneau.

Une analyse mathématique basée sur les files d'attente a été proposée afin de calculer les temps d'attente au niveau de chaque station [9]. En mode synchrone, chaque station est représentée par une file à temps discret M/G/1 avec de multiples classes de priorités. La politique de service est preemptif avec répétition identique (preemptive repeat identical) pour SVLP, et préemptif avec reprise (preemptive resume) pour FLP. L'analyse des courbes nous a permis de voir les temps d'attente pour chaque station en fonction de différentes distributions de tailles de paquets IP. L'influence du rang de la station et du type de formats de paquets sur les conditions de stabilité et les temps d'attente nous ont permis de faire des analyses précises en termes de performances du MAN optique.

L'ensemble de ces travaux est présenté dans le chapitre 1.

1.2.2 Chapitre 2 : méthodes de bornes pour l'évaluation des performances

Vu la complexité des réseaux et des services d'aujourd'hui (en terme de nombre de noeuds, d'événements : pannes/réparation, arrivée/services), il devient difficile d'effectuer une analyse quantitative de ces systèmes. Il est ainsi indispensable de faire appel à des méthodes efficaces d'évaluation des performances permettant de faire face à la complexité de ces systèmes. C'est pourquoi une partie importante de mes travaux concerne les méthodes de bornes stochastiques pour calculer des mesures de performance bornantes à partir de systèmes plus simples à analyser. La difficulté de l'étude des bornes stochastiques sur des espaces multidimensionnels est que sur ce type d'espace, on doit définir un ordre en général partiel comme l'ordre composante par composante afin de comparer file par file les réseaux. Dans le cas d'espaces multidimensionnels, différents ordres stochastiques peuvent être définis, et différentes méthodes de bornes stochastiques sont appliquées. Une partie de mes travaux de recherche a été d'étudier la théorie des ordres stochastiques et de comprendre leur utilisation pour l'évaluation des performances des réseaux de communication. Un ordre stochastique se définit comme une relation d'ordre sur des mesures de probabilités, des variables aléatoires, ou encore des processus. L'ordre le plus connu est l'ordre "st" [41] dit strong ou fort, équivalent à une comparaison des réalisations. Sur des espaces multidimensionnels des ordres plus faibles, moins contraignant peuvent être aussi définis (dits ordres wk et wk*) [39]. La comparaison de chaînes de Markov définies sur un même espace d'état peut se faire selon différentes méthodes. Le couplage de processus [34] revient à coupler les trajectoires de processus de façon à comparer les réalisations après le déclenchement d'un même événement. Cette méthode est assez intuitive, et permet de générer l'ordre fort "st". La méthode des ensembles croissants revient à comparer les processus à partir de familles d'ensembles croissants [39]. Cette méthode est assez générale car elle permet de définir l'ordre fort "st", mais aussi des ordres plus faibles dits ordres weak "wk" et weak* "wk*. Je reviendrai dans le chapitre 2 sur ces deux méthodes. L'un des objectifs de mes travaux de recherche a été d'établir des liens entre ces ordres. Ces liens sont évidents lorsqu'il s'agit de variables aléatoires, mais ce n'est plus le cas pour des chaînes de Markov. Ces méthodes utilisent souvent la monotonie stochastique [35,46] qui est une propriété de croissance dans le temps du processus. L'intérêt de cette propriété est de simplifier la comparaison. On peut également généraliser la comparaison stochastique à des processus définis sur des espaces d'états différents. Pour cela, la comparaison stochastique peut se faire en utilisant les méthodes citées plus haut en se ramenant à un espace commun par des fonctions de projection [28]. Cela est utilisé dans le cas de la construction d'un processus agrégé bornant. L'ensemble de ces travaux est présenté dans le chapitre 2.

1.2.3 Chapitre 3 : utilisation des méthodes de bornes stochastiques

D'une manière générale, les méthodes de bornes permettent d'analyser des systèmes complexes (de grande taille). Il existe différentes façons d'appliquer les méthodes de bornes. Dans un cas, on peut comparer le système initial

10

avec un autre système plus simple par son architecture par exemple : taille des buffers plus petits, liens entre les noeuds coupés, processus d'arrivée ou de service différents,.... Le système bornant peut avoir ou non la même taille que le système initial, mais il est plus simple à analyser car sa distribution de probabilité a par exemple une forme produit. Dans un deuxième cas, on construit un système bornant agrégé à partir du système initial. Le système bornant agrégé est de taille réduite, il peut être défini dans un sous espace de l'espace d'état initial ou dans un autre espace d'état plus petit.

Dans le cas de l'agrégation bornante dans un sous espace d'état, un algorithme d'agrégation a été défini [13, 14]. L'approche proposée par les méthodes de bornes a l'avantage de borner aussi bien les distributions de probabilité stationnaires que transitoires. Le point fort des agrégations bornantes est de proposer des systèmes dont la taille dépend d'un paramètre. On peut augmenter ou diminuer ce paramètre pour avoir un compromis entre qualité et complexité de calcul. L'agrégation bornante peut également se généraliser à un processus bornant défini dans un espace d'état différent et plus petit que l'espace initial. Comme exemple simple, on peut définir un processus (du type de naissance et de mort) bornant le nombre de clients dans un réseau de files d'attente. Nous avons utilisé cette idée d'agrégation pour définir des sous-réseaux bornants afin d'étudier qu'une partie d'un réseau [19].

Nous avons appliqué les méthodes de bornes à des cas assez variés d'évaluation de performance dans le domaine des réseaux. Dans [40] nous avons présenté globalement la méthodologie utilisée, appliquée à des exemples assez différents dans le domaine des réseaux fixes et mobiles. Dans [3], l'idée est de proposer un protocole MAC multi-service basé sur le CSMA/CA dans les réseaux mobiles. Différents niveaux de priorité des flux sont pris en compte.

Un autre exemple de système complexe à étudier concerne la prise en compte de la fiabilité pour l'étude des performances, c'est à dire la performabilité des systèmes. Dans [16], on étudie le modèle composite d'Erlang où l'on prend en compte les pannes/réparations des canaux d'un commutateur téléphonique, en plus de leur occupation. Différents systèmes bornants ont été définis, et leur qualité a été comparée en fonction des paramètres d'entrée. L'ensemble de ces travaux est présenté dans le chapitre 3.

1.2.4 Chapitre 4 : perspectives

Pour terminer ce rapport, des idées d'extensions possibles des travaux actuels seront présentés. Pour ce qui est des méthodes de bornes, les suites sont autour d'une recherche en terme de méthodologie, mais aussi d'applications pertinentes de ces méthodes. Pour ce qui est de la méthodologie, le but est de pouvoir généraliser le plus possible l'utilisation de ces méthodes, c'est pourquoi l'étude de systèmes non markoviens [53] ou semi-markoviens [47] est l'un des objectifs. De plus, sur un espace d'état multidimensionnel, une réflexion autour d'un ordre plus général que l'ordre composante par composante et défini par rapport à l'indice de performance à calculer permettrait de faciliter la comparaison des processus. En ce qui concerne les applications potentielles de ces méthodes, le but est de les appliquer à différents domaines. En sécurité, l'analyse globale et instantanée d'un réseau soumis à des attaques de logiciels malveillants est crucial. Pour les applications du futur, basées sur des réseaux de capteurs, il y a différents types d'événements à prendre en charge : mobilité, fiabilité et consommation d'énergie. Ainsi dans le domaine des réseaux, les systèmes sont de plus en complexes en termes de tailles et de types d'événements, et donc les méthodes de bornes pourraient apporter des solutions. Dans le cadre précis des réseaux optiques, je présenterai également les extensions des techniques d'agrégation de trafic, qui consistent entre autres à prendre en compte les contraintes physiques de transmission lors du remplissage du paquet optique.

Chapitre 2

Performance d'un MAN optique

L'explosion du trafic IP (Internet Protocol) a accéléré le développement des réseaux haut débit ainsi que la technologie de multiplexage WDM (Wavelength Division Multiplexing) [37,52]. La commutation de paquets optiques du type (OPS) basée sur des paquets optiques de taille fixe en mode synchrone est une technique à la fois efficace et flexible [55]. Comme le trafic IP contient essentiellement des paquets de petite taille [50] , et que dans les réseaux optiques les contraintes technologiques font qu'il faut insérer des temps de garde de 50 ns (voir Figure 2.2), il paraît clair que les paquets optiques doivent avoir une taille suffisamment grande pour une utilisation efficace de la bande passante. Ainsi, deux aspects sont importants à prendre en charge à l'entrée d'un réseau optique : d'abord l'adaptation du trafic IP par un mécanisme d'agrégation du trafic pour transformer le trafic IP asynchrone de paquets de tailles variables en paquets optiques de tailles fixes. Deuxièmement la prise en compte des contraintes de QoS des différents flux, dans le cadre d'un réseau multiservice. Pour résoudre le premier problème, l'agrégation de trafic à l'interface d'accès du réseau optique représente une solution intéressante [6, 15, 32]. Vu le nombre de destinations différentes dans les réseaux internet, il paraît peu intéressant pour une bonne utilisation de la bande passante, que le mécanisme d'agrégation dépende de l'adresse de destination des paquets. Par contre, la prise en compte du niveau de QoS paraît plus judicieux surtout dans le cadre d'un réseau multiservice.

Le mécanisme d'agrégation proposé s'effectue au niveau des noeuds connectés à un MAN optique. Ainsi, le paquet agrégé formé servira à remplir la payload du paquet optique. Une fois les paquets optiques construits, le problème se pose de son insertion dans l'anneau optique afin d'être transmis. Différents problèmes se posent : l'équité entre les noeuds selon le protocole MAC utilisé, et le choix du format du paquet optique.

Ainsi, les principales études présentées dans ce chapitre sont :

1. Propositions de mécanismes d'agrégation et analyse de leurs performances.

2. Etude des différents formats de paquets optiques et analyse des performances du MAN optique.

Je précise que ces études ont été réalisées par une analyse mathématique, et des simulations ont été effectuées pour étudier l'impact d'un trafic sporadique (self-similaire). Dans la suite, je vais commencer par décrire d'une manière précise le système étudié, de façon à introduire les différentes contributions.

2.1 Contexte de l'étude : description du réseau MAN optique

Ces études sont basées sur une version slottée de l'architecture du réseau d'accès DBORN (Dual Bus Optical Ring Network) qui est un prototype expérimental proposé initialement en mode asynchrone [44]. DBORN est un réseau MAN optique avec une architecture en anneau basé sur une commutation OPS (Optical Packet Switching), connectant un ensemble de noeuds d'accès (où arrive le trafic provenant d'entreprises, campus, LAN) à un réseau régional ou au réseau coeur (voir Figure 2.1). L'anneau consiste en une fibre unidirectionnelle partitionnée en deux ensembles disjoints de canaux : ceux pour la transmission et les autres pour la réception. Pour avoir des interfaces de noeuds d'accès relativement simples, le trafic passe par le hub pour être traité et transmis au réseau coeur ou sur les canaux de réception. Ainsi le 1er noeud sur l'anneau reçoit toujours des slots vides sur les canaux de transmission. Le fonctionnement de DBORN est dit du type "Hub Stripping". Nous supposons dans notre analyse de performance que chaque noeud est équipé d'un transmetteur fixe, et de plusieurs récepteurs fixes.

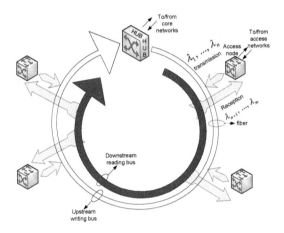

FIGURE 2.1 – Topologie de DBORN

Un paquet optique est donné par la structure suivante : une payload et un en-tête nécessaire au traitement d'envoi du paquet dans le réseau (voir Figure 2.2). Dans la suite, nous allons nous intéresser à des algorithmes d'agrégation afin de remplir la payload du paquet optique.

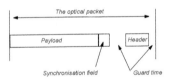

FIGURE 2.2 – Description d'un paquet optique

14

2.2 Description d'un mécanisme d'agrégation de trafic

Nous avons défini plusieurs mécanismes d'agrégations gérant des flux de différents niveaux de QoS, et basés sur un timer. Nous présenterons le fonctionnement que d'un seul, afin d'expliquer en détails l'analyse des performances effectuée. Le mécanisme proposé est déterministe, et a été évalué en utilisant des méthodes analytiques. Cette évaluation consistait à calculer deux mesures essentielles : l'efficacité d'agrégation (ou taux de remplissage) du paquet optique et le temps moyen d'agrégation. Ce mécanisme est décrit dans la Figure 2.3.

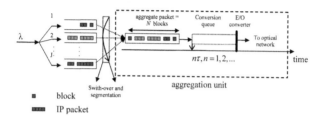

FIGURE 2.3 – Mécanisme d'agrégation de trafic

Les paquets IP arrivent selon un processus de Poisson de taux λ. Ils sont classés en J classes de priorité : le niveau de priorité croît lorsque l'indice de la classe décroît. Ainsi les paquets de classe 1 sont les plus prioritaires, et ceux de la classe J les moins prioritaires. Chaque classe de paquet a sa propre file, de capacité infinie. Les clients d'une même file peuvent avoir des destinations différentes et sont servis selon la discipline FIFO (First In First Out). Chaque paquet IP a une taille définie par un batch aléatoire de blocs. Chaque bloc correspond a une taille fixe de b bytes correspondant à l'unité de base du paquet. Nous définissons les variables suivantes :
- X est la variable aléatoire représentant la taille du batch.
- N est la taille en blocs du paquet optique (paquet agrégé).
- τ est le timer.

Le mécanisme d'agrégation fonctionne comme suit : à chaque expiration du timer (c'est à dire aux instants $\{n\tau, n = 0, 1, 2\dots,\}$) l'unité d'agrégation prend min(N, les paquets IP de la file 1), et si un gap existe dans le paquet agrégé, alors on essaye de prélever des paquets des files $2, 3, \dots, J$. La condition d'arrêt est soit que le paquet agrégé est plein, soit que la file J a été atteinte.

2.2.1 Analyse mathématique

Dans ce mécanisme, on suppose que lorsqu'un paquet en tête de la file J ne peut pas être inséré, alors il sera segmenté et l'unité d'agrégation prendra uniquement une partie du paquet nécessaire au remplissage du paquet agrégé. Le système est étudié aux instants $t_0, t_1, \dots, t_n, \dots$, représentant les instants d'expiration du timer. Pour l'étude mathématique, nous avons considéré que deux classes ($J = 2$) : la classe 1 représentant les applications temps réel, et la classe 2 les applications non temps réel. Nous remarquons aussi qu'une analyse mathématique pour $J > 2$ est tout à fait possible en regroupant les files. Les paquets arrivent dans chaque file selon un processus de Poisson de taux λ_1 (resp. λ_2) pour la classe 1 (resp. classe 2), et on note par $\lambda_0 = \lambda_1 + \lambda_2$ le taux total des arrivées. Nous notons par :

15

- $\{A_t^c, c = 0, 1, 2\}$ le nombre de blocs arrivant dans un intervalle de durée t dans la file c (pour $c = 0$ il s'agit de la combinaison des files 1 et 2).
- $\{Y^c(t_n), c = 0, 1, 2\}$ est le nombre de blocs dans la file c à l'instant t_n, et on note par $Y_n^c = Y^c(t_n^-)$ le nombre de blocs avant l'expiration du timer.

Le processus $\{Y_n^c, n \geq 0\}$ représente une chaîne de Markov à temps discret dont l'équation d'évolution est la suivante pour $c \in \{0, 1\}$:

$$Y_{n+1}^c = |Y_n^c - N|^+ + A_\tau^c \tag{2.1}$$

où $|c|^+ = max(0, c)$.

Sachant que pour $c = 1$, il s'agit de l'état de la file 1, et pour $c = 0$, c'est l'état de la payload du paquet optique. La distribution de probabilité $\{y_k^c, k \geq 0\}$ du nombre de blocs peut être déduite en utilisant la fonction génératrice $Y^c(z)$ (voir [15]). A partir de cela, on peut déduire la distribution du nombre de blocs dans le paquet agrégé afin de calculer l'efficacité de l'agrégation. On définit la variable aléatoire F_r représentant le taux de remplissage du paquet agrégé :

$$F_r = \frac{F}{N}$$

où F est le nombre de blocs dans le paquet agrégé, dont on peut calculer la distribution de probabilité. Ainsi, si on note par $f_k = P(F = k)$ pour $0 \leq k \leq N$, nous obtenons :

$$f_k = \left\{ \begin{array}{ll} y_k^0 & 0 \leq k \leq N - 1 \\ 1 - \sum_{i=0}^{N-1} y_i^0 & k = N \end{array} \right.$$

A partir de la distribution de probabilité du nombre de blocs dans le paquet agrégé on peut ainsi déduire le taux de remplissage F_r du paquet agrégé (ou efficacité de l'agrégation), dont des valeurs numériques seront données en fonction de différents paramètres d'entrée. Pour ce qui est de la file de classe 2, l'équation d'évolution est en fonction du gap :

$$Y_{n+1}^2 = |Y_n^2 - G|^+ + A_\tau^2 \tag{2.2}$$

Sachant que G est la variable aléatoire représentant le gap : $G = N - F$. Un autre paramètre de performance important à calculer est le délai d'agrégation des paquets. Il se définit comme l'intervalle de temps entre l'instant où le paquet arrive dans la file qui lui correspond, et l'instant où son dernier bloc quitte la file. Ce temps se divise en deux parties :

1. la 1 ère partie est le moment à partir duquel le paquet arrive jusqu'à ce que le 1er bloc se retrouve en tête de la file.

2. la deuxième partie correspond à celui dû à la segmentation du paquet, par ce qu'il ne peut pas être inséré dans l'espace restant du paquet agrégé.

Le 1er temps se calcule à partir du nombre de paquets en attente dans la file, en utilisant la formule de Little. La deuxième partie dépend de la classe du paquet. Ainsi, un paquet de classe 1 ne peut être segmenté plus d'une fois, alors qu'un paquet de la classe 2 peut-être segmenté plusieurs fois. En faisant varier certains paramètres, nous étudions l'effet sur les mesures de performance dans la section suivante.

2.2.2 Résultats numériques

Les résultats numériques concernant l'efficacité et les délais d'agrégation sont présentés pour les différentes classes en fonction de la durée du timer. La répartition entre les classes 1 et 2 de paquets IP se fait selon des proportions respectives de 0.6 et 0.4.

Dans ces études, nous supposons que les tailles des paquets IP sont : 40 bytes, 552 bytes, et 1500 bytes avec des probabilités respectives : 0.6, 0.25 et 0.15. Les résultats ont été obtenus dans de la cas où le système est stable, c'est à dire si $N > E[A_\tau^0]$, où $E[A_\tau^0] = \lambda_0 \tau E(X)$. Donc τ doit être tel que :

$$\tau < \frac{N}{\lambda_0 E(X)} \tag{2.3}$$

Impact du timer

Dans la Figure 2.4, nous montrons l'impact du timer sur l'efficacité de l'agrégation. Les densités de probabilités sont représentées pour deux valeurs du timer τ : 12.5μs et 25μs. On peut facilement remarquer que quand τ augmente, la probabilité d'envoyer des paquets pleins augmente. Ainsi, quand $\tau = 25\mu s$, les paquets optiques sont envoyés pleins avec une probabilité de 0.829, ce qui est tout à fait logique car τ est proche de la valeur limite.

Impact du taux d'arrivée

Nous montrons l'impact du taux d'arrivée en bit/s noté $\theta = \lambda_0 8 b E[X]$, sur les délais d'attente dans la Figure 2.5 et l'efficacité d'agrégation dans la Figure 2.6. Nous supposons que $N = 76$, $\tau = 25\mu s$. On peut remarquer que les délais de la classe 1 augmentent peu alors que ceux de la classe 2 augmentent assez vite. L'efficacité d'agrégation augmente avec θ. Pour $\theta = 900$ Mb/s, on atteint 93.506, car $\tau = 25$ μs est proche de la valeur limite. On remarque facilement l'effet de θ sur ces deux mesures : quand il augmente l'efficacité d'agrégation est meilleure mais les délais moins bons.

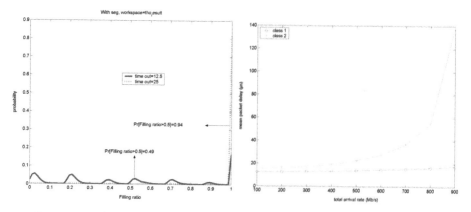

FIGURE 2.4 – pmf de l'efficacité d'agrégation.

FIGURE 2.5 – Temps d'attente moyen d'un paquet en fonction du taux d'arrivée θ.

Vers un timer adaptatif L'idée est de mettre en place un timer adaptatif en fonction de θ de façon à garder $a = E[A_\tau^0]$ (nombre moyen de blocs arrivés pendant la durée τ) constant. Ainsi si on augmente θ, on doit diminuer τ

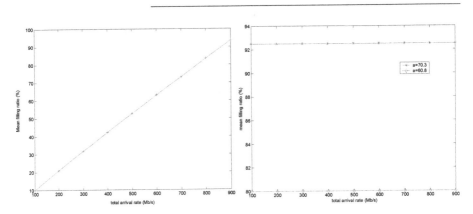

FIGURE 2.6 – Efficacité d'agrégation
en fonction du taux d'arrivée θ.

FIGURE 2.7 – Efficacité d'agrégation
pour un timer τ adaptatif.

pour garder a constant. L'idée est de pouvoir maintenir une efficacité d'agrégation constante même en augmentant θ, c'est ce que l'on peut remarquer dans la Figure 2.7.

2.2.3 Autres mécanismes d'agrégation

D'autres mécanismes d'agrégation ont été proposés essentiellement avec une gestion différente du timer [24]. Nous avons étudié un système où le timer est armé seulement quand un paquet IP arrive, et donc si le paquet optique est plein avant l'expiration du timer, alors il peut être envoyé. Une analyse mathématique de ce mécanisme a été proposée dans le cas d'une classe. Un mécanisme (dit probabiliste) a été également proposé pour plusieurs classes de flux. A chaque flux, un poids est affecté correspondant à une probabilité de service. Pour ce qui est de ce système, des simulations ont été effectuées en utilisant le simulateur NS2 avec un trafic poissonien et aussi self-similaire afin d'étudier l'effet d'un trafic plus variable sur les résultats. L'analyse permet de tirer des conclusions assez logiques. D'abord, le mécanisme probabiliste offre des résultats meilleurs sur les délais que le mécanisme déterministe surtout pour les classes non prioritaires. Les délais de ce type de classe dans le cas des algorithmes déterministes peuvent croître très vite avec le timer. Pour ce qui est de l'efficacité d'agrégation, les résultats sont très logiques car quand le timer est peu important, le mécanisme probabiliste offre une meilleure efficacité d'agrégation à cause du fait que le timer est armé seulement lors de la première arrivée du paquet IP, alors que le mécanisme déterministe envoie des paquets optiques pratiquement vides. Par contre, quand le timer augmente, les résultats d'efficacité sont proches. Nous avons également observé l'effet du type de trafic sur ces mécanismes [21]. Avec un trafic sporadique self-similaire, nous avons remarqué que le mécanisme probabiliste était meilleur pour ce qui est de l'efficacité de remplissage des paquets et pour les délais d'attente. Ainsi, quand le timer augmente, nous pouvons voir que dans le mécanisme déterministe les délais d'attente peuvent augmenter très vite, alors qu'ils sont constants dans le cas probabiliste. Ce qui est logique, car dans ce dernier cas les paquets optiques peuvent être envoyés pleins avant l'expiration du timer.

18

2.3 Performance du MAN pour différents formats de paquets

Le protocole MAC (Medium Access Control) utilisé dans DBORN est du type CSMA/CA (Carrier Sense Multiple Access with Collision Avoidance). Ce protocole dit aussi "empty slot" permet d'éviter les problèmes de collision lors de l'émission des paquets. La station en amont de l'anneau a la plus haute priorité pour insérer des paquets, et la priorité diminue plus l'on avance en aval dans l'anneau.

La structuration de la payload en paquets optiques peut se faire selon différents formats de paquets. Dans le format FLP (Fixed Lenght Packets), chaque paquet a une taille fixe, transmis dans un slot. Dans le cas où les paquets sont trop longs pour être transmis dans un seul slot, il est segmenté en plusieurs paquets (ou slots) indépendants avec sa propre en-tête.

Dans le cas d'un réseau slotté, le format de paquet SVLP (Slotted Variable Lenth Packets) peut être utilisé afin d'améliorer l'utilisation de la bande passante. Il est équivalent à une suite de slots ("train of slots") [54]. Ainsi les paquets ont une taille variable, correspondant à un multiple de la durée d'un slot. Le paquet correspond à une séquence ininterrompue de slots, ce qui permet d'avoir un en-tête unique pour tout le paquet. Nous allons voir à travers les résultats numériques, que bien qu'avec SVLP on a un en-tête unique pour un groupe de slots, la contrainte de contiguïté des slots fait que les délais augmentent vite en fonction de la station dans l'anneau optique. Dans la suite, nous présentons l'analyse mathématique afin de calculer les délais d'attente pour les différents formats de paquets [9].

2.3.1 Analyse mathématique

On considère n stations connectées au MAN optique. On suppose que le taux d'arrivée des paquets à chaque station $1 \leq i \leq n$ est de type Poisson avec un taux λ_i. Les stations sont numérotées de telle façon que la station 1 qui est en amont de l'anneau est la plus prioritaire. Quand on descend dans l'anneau l'indice i croît et la priorité décroît. Les modèles mathématiques pour le calcul des temps d'attente de chaque station sont basés sur la file M/G/1 en temps discret avec interruptions. Ainsi comme la station 1 est la plus prioritaire, les paquets de cette station ne sont pas interrompus. La station 1 est représentée par une M/G/1 sans interruptions. On note par S_1 le temps de service moyen, et D_1 le temps d'attente moyen d'un paquet de la station 1.

Dans ce cas, $E(D_1)$ est [30] :

$$E(D_1) = \frac{E(S_1)Var(S_1)}{2\lambda_1(1-\rho_1)} + \frac{\lambda_1 Var(S_1)}{2(1-\rho_1)} + \frac{E(S_1)}{2} \tag{2.4}$$

On peut remarquer que $E(D_1)$ est plus élevé pour le format FLP que SVLP car $E(S_1)$ est plus élevé dans ce format à cause de la répétition de l'en-tête dans le format FLP.

Pour les autres stations $1 < i \leq n$, toute station i est représentée par une file M/G/1 à temps discret avec interruption de service due à la busy période de la station $i-1$. On peut obtenir ainsi le délai moyen de la station i en fonction de la busy période de la station $i-1$. Pour chaque station i, nous notons par H_i la busy période, C_i le temps de service réel et D_i le temps d'attente pour les paquets de formats FLP et SVLP.

Pour le format de paquet FLP la politique de service est preemptive resume, et pour SVLP elle est preemptive repeat-identical. Les files M/G/1 en temps discret avec ces politiques de service ont été complètement étudiées par [30]. Dans le cas où $i \geq 2$ on obtient le délai moyen de chaque station i en fonction de la busy période H_{i-1} :

$$\begin{aligned} E(D_i) &= \frac{E(C_i)\lambda_i}{2\lambda_i(1-\rho_i)} + \frac{\lambda_i Var(C_i)}{2(1-\rho_i)} + \frac{E(C_i)}{2} \\ &+ \frac{(1-\alpha_i)\sigma_i Var(H_{i-1})}{2} - \frac{(1-\alpha_i)(1-\alpha_i\sigma_i E(H_{i-1}))E(H_{i-1})}{2} \end{aligned} \tag{2.5}$$

19

Où $\alpha_i = e^{-\sum_{k=1}^{i-1} \lambda_k}$ est la probabilité qu'il n'y ait pas d'arrivées de paquets durant un slot provenant des stations (1,..., i-1), et $E(H_i)$ et $Var(H_i)$ représentent respectivement les moyennes et la variance de la busy période de la station i et sont données dans [9]. Le calcul des délais pour chaque format se fait en déduisant $E(C_i)$, et $Var(C_i)$, ($i \geq 2$) pour les cas FLP et SVLP, en fonction des disciplines de services [9].

2.3.2 Résultats numériques

A partir des valeurs numériques, nous montrons l'influence des formats des paquets optiques sur les délais d'attente. Le but de ces résultats est aussi d'étudier le problème de l'équité entre les stations. Nous supposons n=10 stations connectées à l'anneau et un débit de l'anneau de 10 Gbit/s. La distribution de probabilité des tailles des paquets IP est la suivante : 40 bytes (avec proba de 0.6), 552 bytes (avec proba 0.25) et 1500 bytes (avec proba 0.15). Les paquets optiques sont définis par une payload (remplie avec les paquets IP), un temps de garde de 50 ns, une en-tête de 5 bytes, et un temps de synchronisation de 4 bytes.

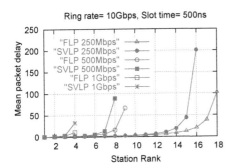

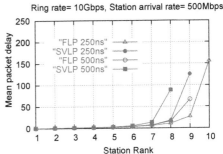

FIGURE 2.8 – Délais pour différents taux d'arrivée des stations

FIGURE 2.9 – Délais pour différentesvaleurs de slots

La Figure 2.8 montre les délais d'attente en μs en fonction du rang de la station pour différents taux d'arrivées des stations (250Mbps, 500Mbps and 1Gbps), et pour les deux types de formats de paquets optiques : FLP et SVLP. La Figure 2.9 présente des résultats pour différentes valeurs de slots : (250ns and 500ns). On peut voir que pour un débit de 1Gbps, la condition de stabilité n'est plus vérifiée au delà de 4 stations pour les deux formats. Pour les autres débits, FLP donne de meilleurs résultats en terme de délais et de stabilité. On peut remarquer dans la Figure 2.9 l'influence de la durée du slot. Pour 250ns, le nombre maximum de stations possibles est de 10 pour le format FLP, et 9 pour le format SVLP. Les résultats sont moins bons lorsque l'on passe à un slot de 500ns, puisque le nombre de stations possibles est de 8 pour SVLP et 9 pour FLP. On peut déduire donc que le format FLP donne de meilleurs résultats en terme de délais et de nombre de stations possibles connectées à l'anneau. Ainsi, bien que l'en-tête est répétée, ce format permet une meilleure utilisation de la bande passante.

2.4 Conclusion

L'intérêt de ces études est de montrer une analyse complète des performances d'un MAN optique en tenant compte d'un mécanisme d'agrégation de paquets IP. Bien que les résultats numériques de la deuxième étude ne tenait pas compte des paramètres de sorties de la première étude (1 paquet optique généré au bout d'un timer), nous avons pu voir le problème d'équité au niveau du MAN optique en fonction des différents types de formats des paquets optiques. Les analyses mathématiques effectuées nous ont permis d'étudier l'effet de certains paramètres d'entrée d'une manière précise afin de mieux comprendre les systèmes étudiés. Dans le cas de l'algorithme d'agrégation déterministe, nous avons pu voir l'intérêt d'introduire un timer adaptatif en fonction des débits d'entrée afin de maintenir une efficacité d'agrégation constante, tout en maîtrisant aussi les délais. Il est clair que l'algorithme probabiliste permet de gérer d'une manière plus souple les différents niveaux de QoS des flux. De plus, la gestion du timer étant plus élaborée, il permet de garantir une meilleure efficacité de remplissage ainsi que des délais d'attente inférieurs dans le cas d'un trafic self-similaire. Pour ce qui est de l'analyse des performances du MAN optique, pour améliorer le problème d'équité des stations, il existe des protocoles MAC du type TDMA (Time Division Multiple Access) mettant en oeuvre un mécanisme de réservation de slots. Dans [20], nous avons évalué les performances du MAN optique avec un protocole TDMA, et en tenant compte d'une agrégation de trafic. Nous avons pu remarquer une meilleure utilisation de la bande passante et un nombre de noeuds possible plus élevé que s'il n'y avait pas d'agrégation de trafic. On remarque aussi des temps d'attente plus intéressants surtout pour les stations en aval de l'anneau. Il est clair que dans le cas d'un trafic self-similaire, la mise en place de techniques d'agrégation permet de maîtriser à la fois les problèmes d'utilisation de la bande passante, et l'augmentation des délais. En termes d'architectures de MAN optiques, nous avons également étudié des architectures du type "destination stripping", c'est à dire que la station qui reçoit un paquet sur une longueur d'onde l'efface après l'avoir stocké. Cela permet aux stations en aval de réutiliser le slot. Dans [22], nous avons étudié en fonction de la structure des noeuds (nombre et types des transmetteurs et récepteurs) les performances du MAN optique. On a pu remarquer l'intérêt des transmetteurs "ajustables" (ou "tunables") par rapport à des transmetteurs fixes. En effet, les transmetteurs ajustables peuvent transmettre d'une manière aléatoire sur différentes longueurs d'ondes ce qui permet un équilibrage de la charge, et donc assure de meilleurs délais d'attente [22].

Chapitre 3

La comparaison stochastique sur des espaces multidimensionnels

Nous étudions des systèmes à événements discrets, c'est à dire décrits par des variables d'état discrètes, dont les changements d'états se produisent sous l'occurrence d'événements. Ces systèmes sont présents dans des domaines assez variés tels que : systèmes informatiques, systèmes de production, et réseaux de communication. Différents formalismes de modélisation sont utilisés afin de représenter ces systèmes. L'un des plus connu dans le domaine de l'analyse des réseaux de communications est le réseau de files d'attente pour modéliser l'attente sur des ressources. Les réseaux de Pétri et les automates stochastiques sont également utilisés afin de modéliser la synchronisation des processus. Les chaînes de Markov représentent un formalisme de modélisation à un niveau plus bas, permettant d'utiliser les outils mathématiques efficaces pour l'analyse quantitative des systèmes.

Les méthodes de bornes stochastiques s'appliquent aux chaînes de Markov multidimensionnelles, et permettent ainsi d'apporter des solutions intéressantes pour l'évaluation des performances des systèmes complexes. Un système complexe peut-être un système de grande taille représentant un réseau avec beaucoup de noeuds. Il peut être aussi un système où différents types d'événements peuvent se déclencher (arrivées/services, et pannes/réparations). Car la prise en compte de plusieurs événements peut augmenter le nombre de composantes de l'état du système.

Les solutions apportées par ces méthodes consistent à construire des systèmes bornants plus faciles à étudier. A partir de ces systèmes bornants, on pourra générer des mesures de performances bornantes (supérieures et inférieures) de la mesure exacte. La comparaison stochastique est basée sur la théorie des ordres stochastiques qui est plus compliquée lorsque l'espace d'état est multidimensionnel [39, 41, 45]. Dans mes études de recherche, je me suis intéressée à cette théorie afin de développer des méthodes de comparaison stochastique. Les objectifs de ce chapitre sont :

1. Identifier les différents types d'ordres stochastiques sur des espaces multidimensionnels.

2. Présenter les méthodes de comparaison stochastique : couplage et ensembles croissants.

3. Etablir les liens entre les différents types d'ordres stochastiques afin de choisir quelle méthode à appliquer.

4. Etant donné un indice de performance à calculer, savoir comment appliquer la comparaison stochastique.

Ainsi, les points (1) et (2) sont une synthèse d'articles concernant les ordres stochastiques, et les points (3) et (4) représentent les contributions de ce chapitre.

3.1 Ordres stochastiques sur des espaces multidimensionnels

Dans cette partie, nous allons donner les bases théoriques essentielles à l'utilisation des ordres stochastiques sur des espaces multidimensionnels. Dans la plupart des cas, je travaillerai sur l'espace $S = \mathbf{N}^n$ qui est discret, dénombrable, muni d'au moins un préordre $\preceq$ (relation binaire au moins reflexive et transitive). Ainsi, un ordre partiel est un préordre vérifiant en plus la propriété d'anti-symétrie, et un ordre total est un ordre partiel tel que $\forall\, x, y \in S,\ x \preceq y$ ou $y \preceq x$. Comme exemple d'ordre partiel sur $S = \mathbf{N}^n$, nous utilisons souvent l'ordre composante par composante (noté $\preceq$), utile pour la comparaison des processus multidimensionnels :

$$\forall x, y \in \mathbb{N}^n, x \preceq y \Leftrightarrow x_i \leq y_i, \forall 1 \leq i \leq n$$

Ainsi, l'ordre composante par composante permet de comparer files par files les réseaux de communication, ce qui génère des inégalités sur les mesures de performances telles que les temps de réponses, ou les probabilités de blocage d'une file. On peut remarquer que la définition de cet ordre partiel est plus intéressant que l'ordre total lexicographique car cela génère moins d'inégalités à vérifier pour la comparaison de chaînes de Markov, et donc une meilleure qualité des bornes. Dans la suite, je vais définir la comparaison stochastique de variables aléatoires.

3.2 Comparaisons stochastiques de variables aléatoires

Considérons deux variables aléatoires X et Y définies sur S avec des mesures de probabilités respectives p et q telles que $p[i] = Prob(X = i)$, $\forall i \in S$ (resp. $q[i] = Prob(Y = i)$, $\forall i \in S$). Le plus connu des ordres stochastiques est l'ordre fort $\preceq_{st}$ défini comme suit [41] :

Définition 1 $X \preceq_{st} Y$ *si et seulement si* $E[f(X)] \leq E[f(Y)]$, $\forall f : S \to \mathbb{R}^+$, $\preceq -croissante$

Sur les espaces multidimensionnels d'autres ordres, plus faibles en terme de contraintes peuvent être définis [39]. Dans [39], l'odre "weak" $\preceq_{wk}$ permet de comparer les queues de distribution, et l'ordre $\preceq_{wk^*}$ les fonctions de répartition. Il existe plusieurs formalismes pour définir un ordre stochastique : fonctions croissantes, ou ensembles croissants. Ces deux formalismes sont équivalents car les fonctions croissantes peuvent être generées à partir des combinaisons linéaires des indicatrices des ensembles croissants. Nous proposons d'utiliser celui des ensembles croissants afin de se ramener à des inégalités entre matrices (générateurs ou matrices de probabilités de transitions) pour la comparaison de chaînes de Markov. Soit $\Gamma \subset S$, alors Γ est un ensemble croissant si et seulement si il est équivalent à une séquence d'éléments croissants de S. Nous notons par :

$$\Gamma \uparrow = \{y \in S \mid y \succeq x, x \in \Gamma\}$$

La définition formelle d'un ensemble croissant est la suivante :

Définition 2 Γ *est un ensemble croissant si et seulement si* $\Gamma = \Gamma \uparrow$

Ainsi, prenons comme exemple l'ensemble :

$$S = \{(0,0), (0,1), (1,0), (1,1)\}$$

où l'on définit l'ordre composante par composante. Nous remarquons que :

$$\Gamma_1 = \{(1,0), (1,1)\}$$

est un ensemble croissant alors que :

$$\Gamma_2 = \{(0,0), (0,1)\}$$

n'en est pas un car l'état $(1,1)$ n'appartient pas à Γ_2, alors que $(1,1) \succeq (0,1)$. Trois ordres stochastiques sont définis à partir de familles d'ensembles croissants [39]. Le plus fort $\preceq_{st}$ est défini à partir de la famille $\Phi_{st}(S)$ contenant tous les ensembles croissants de S :

$$\Phi_{st}(S) = \{\Gamma \subset S \mid \Gamma = \Gamma \uparrow\}.$$

Les familles $\Phi_{wk}(S)$ et $\Phi_{wk^*}(S)$ sont définies à partir d'ensembles croissants particuliers. On note par : $\{x\} \uparrow = \{y \in S,\ y \succeq x\}$, et $\{x\} \downarrow = \{y \in S,\ y \preceq x\}$. Alors la famille $\Phi_{wk}(S)$ est définie par :

$$\Phi_{wk}(S) = \{\{x\} \uparrow,\ x \in S\}$$

et $\Phi_{wk^*}(S)$:

$$\Phi_{wk^*}(S) = \{S - \{x\} \downarrow,\ x \in S\}$$

Si $\Phi(S)$ représente l'une des familles ($\Phi_{st}(S)$, $\Phi_{wk}(S)$, ou $\Phi_{wk^*}(S)$), alors un ordre stochastique $\preceq_\Phi$ représentant ($\preceq_{st}$, $\preceq_{wk}$ ou $\preceq_{wk^*}$) est défini comme suit [38] :

Définition 3

$$X \preceq_\Phi Y \Leftrightarrow \sum_{x \in \Gamma} p[x] \leq \sum_{x \in \Gamma} q[x], \forall \Gamma \in \Phi(S) \tag{3.1}$$

Vu que $\Phi_{wk}(S)$ et $\Phi_{wk^*}(S)$ sont définies à partir d'ensembles particuliers, alors que $\Phi_{st}(S)$ regroupe tous les ensembles croissants, alors on a les relations d'inclusions suivantes entre les familles d'ensembles croissants [38] :

Proposition 1

$$\Phi_{wk}(S) \subset \Phi_{st}(S)$$

et

$$\Phi_{wk^*}(S) \subset \Phi_{st}(S)$$

On peut ainsi déduire que les ordres $\preceq_{wk}$ et $\preceq_{wk^*}$ sont plus faibles que l'ordre fort $\preceq_{st}$. Nous avons donc les implications suivantes entre ces ordres stochastiques [38] :

Proposition 2

$$p \preceq_{st} q \Rightarrow p \preceq_{wk} q \text{ et } p \preceq_{wk^*} q$$

Ainsi si l'ordre $\preceq_{st}$ existe entre des variables aléatoires, alors les ordres $\preceq_{wk}$ et $\preceq_{wk^*}$ existent également. Nous allons voir qu'entre des chaînes de Markov ce n'est pas le cas. Dans la suite, nous allons présenter la comparaison stochastique entre des chaînes de Markov.

3.3 Comparaisons stochastiques de chaînes de Markov

Soit $\{X_1(t), t \geq 0\}$ (resp. $\{X_2(t), t \geq 0\}$) des CMTCs (Chaînes de Markov à Temps Continu) définies sur S. Si l'ordre stochastique $\preceq_\Phi$ représente l'un des ordres ($\preceq_{st}$, $\preceq_{wk}$, $\preceq_{wk^*}$), alors la comparaison stochastique "$\preceq_\Phi$" de chaînes est définie comme une comparaison à chaque instant t [41] :

Définition 4

$$\{X_1(t), t \geq 0\} \preceq_\Phi \{X_2(t), t \geq 0\}$$

si :

$$X_1(0) \preceq_\Phi X_2(0) \Longrightarrow X_1(t) \preceq_\Phi X_2(t), \forall t > 0$$

Supposons que la CMTC $\{X_1(t), t \geq 0\}$ (resp. $\{X_2(t), t \geq 0\}$) soit homogène dans le temps, de générateur Q_1 (resp. Q_2). Si p (resp. q) est un vecteur de probabilité sur S représentant le vecteur des probabilités initiales $P(X_1(0))$ (resp. $P(X_2(0))$), alors le vecteur des probabilités à l'instant t est $P(X_1(t)) = p \, exp(tQ_1)$ (resp. $P(X_2(t)) = q \, exp(tQ_2)$). On a alors la définition suivante de la comparaison stochatique des CMTCs [39] :

Définition 5

$$\{X_1(t), t \geq 0\} \preceq_\Phi \{X_2(t), t \geq 0\}$$

si pour tous les vecteurs de probabilités p et q sur S, on a :

$$p \preceq_\Phi q \Rightarrow p \, exp(tQ_1) \preceq_\Phi q \, exp(tQ_2), \forall t > 0 \tag{3.2}$$

La comparaison de CMTDs (Chaines de Markov en Temps Discret) se définit par la comparaison à l'instant n (où $n \in \mathbb{N}^+$) des chaines. Ainsi si $\{X_1(n), n \geq 0\}$ et $\{X_2(n), n \geq 0\}$ sont deux CMTDs de matrices de probabilités de transition P_1 et P_2, on a la définition suivante :

Définition 6 $\{X_1(n), n \geq 0\} \preceq_\Phi \{X_2(n), n \geq 0\}$) *si pour tous les vecteurs de probabilité p et q sur S, on a :*

$$p \preceq_\Phi q \Rightarrow pP_1 \preceq_\Phi qP_2 \tag{3.3}$$

Lorsque les chaînes sont définies sur des espaces d'états différents, elles peuvent être comparées sur un espace commun [28,39].
Supposons que $\{X_1(t), t \geq 0\}$ soit défini sur un espace S, et $\{X_2(t), t \geq 0\}$ sur F. On définit une fonction de projection $g : S \to F$ afin de les comparer sur l'espace commun F.

Définition 7

$$\{g(X_1(t)), t \geq 0\} \preceq_\Phi \{X_2(t), t \geq 0\}$$

si :

$$g(X_1(0)) \preceq_\Phi X_2(0) \Longrightarrow g(X_1(t)) \preceq_\Phi X_2(t), \forall t > 0 \tag{3.4}$$

Cette définition peut également s'écrire en fonction des générateurs infinitésimaux [39]. Comme nous allons le voir plus loin, la comparaison stochastique utilise la monotonie stochastique qui est une propriété de croissance (ou de décroissance) du processus avec le temps. Dans le sens croissant, cette propriété est très utilisée pour la comparaison stochastique. Elle se définit comme suit [41] :

Définition 8 $\{X(t), t \geq 0\}$ *est* $\preceq_\Phi$ −*monotone, si :*

$$X(t) \preceq_\Phi X(t+\tau), \forall t \geq 0, \forall \tau \geq 0. \tag{3.5}$$

Dans le cas discret, la monotonie d'une chaîne de Markov $\{X(n), n \geq 0\}$ se définit comme une croissance en fonction de n. Si P représente la matrice des probabilités de transition, la monotonie se définit comme suit [39] :

Définition 9 $\{X(n), n \geq 0\}$ *est* $\preceq_\Phi$- *monotone si pour tous les vecteurs de probabilités p et q sur S, on a :*

$$p \preceq_\Phi q \Longrightarrow pP \preceq_\Phi qP \tag{3.6}$$

Pour les CMTCs, la monotonie s'exprime en fonction du générateur infinitésimal [39]. Dans la suite, je présenterai les deux méthodes de comparaisons stochastiques de chaînes de Markov multidimensionnelles : le couplage et les ensembles croissants.

3.4 Le couplage

Le couplage pour la comparaison stochastique $\preceq_{st}$ de variables aléatoires est équivalent à une comparaison de leurs réalisations :

Théorème 1 *Pour les variables X et Y définies sur S, de fonctions de répartition F_X et F_Y, les points suivants sont équivalents :*

1. $X \preceq_{st} Y$

2. *Il existe l'espace de probabilités $(\Omega, \mathcal{A}, \mathcal{P})$ et les variables aléatoires $\widehat{X}$ et $\widehat{Y}$ de fonctions de répartition F_X et F_Y, et telles que :*

$$\widehat{X}[\omega] \preceq \widehat{Y}[\omega], \ \forall \omega \in \Omega$$

Le couplage des chaînes est basé sur la construction d'un couple de trajectoires dépendant des mêmes événements afin de les comparer [34]. Ce formalisme est intéressant car il est intuitif, basé sur la description des systèmes à événements discrets. Pour le couplage de $\{X_1(t), t \geq 0\}$ et $\{X_2(t), t \geq 0\}$, nous définissons les deux CMTCs sur S suivantes :

- $\left\{\widehat{X_1}(t), t \geq 0\right\}$ a le même générateur infinitésimal que $\{X_1(t), t \geq 0\}$
- $\left\{\widehat{X_2}(t), t \geq 0\right\}$) a le même générateur infinitesimal que $\{X_2(t), t \geq 0\}$

Le couplage des processus vise à définir un processus couplé des processus à comparer dont les composantes représentent les réalisations des processus à comparer [34] :

Théorème 2 $\{X_1(t), t \geq 0\} \preceq_{st} \{X_2(t), t \geq 0\}$ *si et seulement s'il existe le processus couplé :*

$$\{(\widehat{X_1}(t), \widehat{X_2}(t)), t \geq 0\}$$

tel que :

$$\widehat{X_1}(0)[\omega] \preceq \widehat{X_2}(0)[\omega] \Rightarrow \widehat{X_1}(t)[\omega] \preceq \widehat{X_2}(t)[\omega], \ \forall t > 0, \forall \omega \in \Omega \tag{3.7}$$

Le couplage est bien sûr applicable à la comparaison de CMTDs, en comparant les trajectoires à chaque étape $n \in \mathbb{N}^+$. La monotonie stochastique peut se vérifier également par le couplage, en comparant la chaîne avec elle même, et en prenant des conditions initiales comparables [35].

Dans la suite, nous allons présenter la comparaison stochastique pour un cas plus général d'ordre : $\preceq_\Phi \in \{\preceq_{st}, \preceq_{wk}, \preceq_{wk^*}\}$.

3.5 Méthode des ensembles croissants

Dans le cas de CMTDs homogènes, la comparaison stochastique peut être démontrée à partir d'inégalités sur les lignes des matrices de probabilités de transitions calculées à partir de familles d'ensembles croissants. Par exemple, si on considère l'ordre $\preceq_{st}$, nous avons des inégalités sur les lignes x et y comparables ($x \preceq y$) de la façon suivante [39] :

Théorème 3

$$\{X_1(n), n \geq 0\} \preceq_{st} \{X_2(n), n \geq 0\}$$

si et seulement si, $\forall \Gamma \in \Phi_{st}(S), \forall x \preceq y$:

$$\sum_{z \in \Gamma} P_1(x, z) \leq \sum_{z \in \Gamma} P_2(y, z)$$

Dans le cas de CMTCs, l'utilisation du générateur infinitésimal fait qu'il faut considérer l'élément de la diagonale comme appartenant ou non aux ensembles croissants de façon à éviter le problème des éléments négatifs [38,41].

Si on considère un ordre $\preceq_\Phi \in \{\preceq_{st}, \preceq_{wk}, \preceq_{wk^*}\}$, alors on peut utiliser la monotonie pour la comparaison stochastique [39] :

Théorème 4 $\{X_1(t), t \geq 0\} \preceq_\Phi \{X_2(t), t \geq 0\}$, *si les conditions suivantes sont vérifiées :*

1. $X_1(0) \preceq_\Phi X_2(0)$

2. $\{X_1(t), t \geq 0\}$ ou $\{X_2(t), t \geq 0\}$ est $\preceq_\Phi$-monotone

3. Comparaison des générateurs infinitésimaux :

$$\forall \Gamma \in \Phi(S), \ \forall x \in S, \sum_{z \in \Gamma} Q_1(x, z) \leq \sum_{z \in \Gamma} Q_2(x, z).$$

Dans le domaine des réseaux de files d'attente, la monotonie a été vérifiée dans [35] pour les réseaux de Jackson. Dans [34], elle est également vérifiée pour des réseaux avec des hypothèses similaires, et multi-serveurs. On peut remarquer que les G-Networks ne sont pas monotones à cause des départs synchronisés.

La monotonie peut se vérifier par des inégalités sur les matrices. Par exemple, pour la monotonie $\preceq_{st}$ d'une chaîne de Markov on a le théorème suivant [38,41] :

Théorème 5 $\{X(n), n \geq 0\}$ *est $\preceq_{st}$-monotone si et seulement si,*

$$\forall \Gamma \in \Phi_{st}(S), \forall x \preceq y, \sum_{z \in \Gamma} P(x, z) \leq \sum_{z \in \Gamma} P(y, z)$$

Dans [39], une CMTC est dite $\preceq_\Phi$-monotone si son générateur infinitésimal peut s'écrire en fonctions d'opérateurs spécifiques. Lorsque les processus sont définis sur des espaces d'états différents, ils peuvent être comparés sur un espace commun.

Supposons que $\{X_1(t), t \geq 0\}$ soit défini sur un espace S, et $\{X_2(t), t \geq 0\}$ sur F. On définit une fonction de projection $g : S \to F$ afin de les comparer.

28

Théorème 6 $\{g(X_1(t)), t \geq 0\} \preceq_{st} \{X_2(t), t \geq 0\}$, *si les conditions suivantes sont vérifiées :*

1. $g(X_1(0)) \preceq_\Phi X_2(0)$
2. $\{X_1(t), t \geq 0\}$ *ou* $\{X_2(t), t \geq 0\}$ *est* $\preceq_\Phi$*-monotone*
3. *Comparaison des générateurs infinitésimaux* Q_1 *et* Q_2 :

$$\forall \Gamma \in \Phi(F), \ \forall x \in S, \ y \in F \mid g(x) = y, \ \sum_{g(z) \in \Gamma} Q_1(x, z) \leq \sum_{z \in \Gamma} Q_2(y, z).$$

Ce théorème peut être utilisé également si l'on veut inverser l'ordre de la comparaison des chaînes. Comme nous le verrons plus tard, ce théorème peut-être utile dans le cas de construction de chaînes agrégées bornantes, quand g est une fonction de projection dans un espace d'état plus petit. Il peut être utile à la comparaison de processus non markoviens [39], comme nous le verrons dans les perspectives. Dans la section qui suit, je vais expliquer les liens existants entre l'ordre fort et les ordres faibles appliqués à des chaînes de Markov, afin de pouvoir choisir quelle méthode à appliquer pour la comparaison stochastique.

3.6 Choix de la méthode de comparaison stochastique

Le couplage est une méthode intuitive, mais qui ne permet de générer que l'ordre $\preceq_{st}$. Dans la suite, nous allons étudier les liens qu'il existe entre les différents types d'ordres stochastiques définis entre des chaînes de Markov. Ces liens sont évidents entre des variables aléatoires, mais ce n'est pas le cas pour les chaînes de Markov. Nous allons commencer par la monotonie stochastique.

3.6.1 Monotonie $\preceq_{st}$ et $\preceq_{wk}$ des chaînes de Markov

Nous allons montrer que la monotonie $\preceq_{st}$ n'implique pas les monotonies $\preceq_{wk}$ et $\preceq_{wk^*}$. Cela se déduit de la définition de la $\preceq_\Phi$-monotonie. Ainsi supposons que $\{X(n), n \geq 0\}$ soit $\preceq_{st}$-monotone. Cela signifie que pour tous les vecteurs de probabilités p et q sur S, on a :

$$p \preceq_{st} q \Rightarrow pP \preceq_{st} qP \tag{3.8}$$

Nous allons voir que si l'implication (3.8) est vérifiée, alors on ne peut pas dire qu'elle est vérifiée pour les ordres $\preceq_{wk}$ et $\preceq_{wk^*}$. On ne le fera que pour l'ordre $\preceq_{wk}$ (c'est similaire pour l'ordre $\preceq_{wk^*}$).

Supposons que $p \preceq_{wk} q$, alors on a deux cas :
- si on a également $p \preceq_{st} q$, alors si on utilise l'équation (3.8), on a que $pP \preceq_{st} qP$, ce qui implique que $pP \preceq_{wk} qP$ à cause de l'inclusion des familles d'ensembles croissants.
- si $p \npreceq_{st} q$ alors on peut avoir $pP \npreceq_{st} qP$, et donc on risque également d'avoir $pP \npreceq_{wk} qP$.

Je donne un petit exemple pour illustrer cette remarque.

Exemple

Soit la chaine de Markov $\{X(n), n \geq 0\}$ de matrice de probabilité de transition P suivante :

$$P = \begin{pmatrix} 0.5 & 0.25 & 0.25 & 0 \\ 0 & 0.5 & 0.5 & 0 \\ 0.25 & 0 & 0.5 & 0.25 \\ 0 & 0.25 & 0.25 & 0.5 \end{pmatrix}$$

On peut remarquer que $\{X(n), n \geq 0\}$ est $\preceq_{st}$-monotone en utilisant le Théorème 5. Par contre, nous allons voir que $\{X(n), n \geq 0\}$ n'est pas $\preceq_{wk}$-monotone.

Prenons $p = (0, 0.5, 0.5, 0)$, et $q = (0.5, 0, 0, 0.5)$, nous remarquons que $p \preceq_{wk} q$. Si on fait les produits :

$$pP = (0.125, 0.25, 0.5, 0.125)$$

et

$$qP = (0.25, 0.25, 0.25, 0.25)$$

On peut remarquer que pour l'ensemble croissant $\Gamma = \{(1, 0), (1, 1)\}$, on a : $\sum_{x \in \Gamma} pP(x) = 0.625 > \sum_{x \in \Gamma} qP(x) = 0.5$. On en déduit que $\{X(n), n \geq 0\}$ n'est pas $\preceq_{wk}$-monotone.

Ainsi, en conclusion on peut utiliser le couplage pour la monotonie $\preceq_{st}$ mais pas pour des monotonies plus faibles, car il n'y a pas de relations entre les différents types de monotonies.

3.6.2 Comparaison $\preceq_{st}$ et $\preceq_{wk}$ de chaînes de Markov

La comparaison $\preceq_{st}$ de chaînes de Markov n'implique pas les comparaisons plus faibles $\preceq_{wk}$ et $\preceq_{wk^*}$. On peut raisonner de la même façon que pour la monotonie, en prenant deux vecteurs p et q tels que pour l'ordre $\preceq_{st}$, l'implication dans la Définition 6 est vérifiée. Dans le cas où $p \preceq_{wk} q$, (mais $p \npreceq_{st} q$) on ne peut rien conclure. Nous donnons un exemple concret.

Exemple

Soit $\{X_1(n), n \geq 0\}$ une CMTD définie par la matrice de probabilité de transition suivante P_1 :

$$P_1 = \begin{pmatrix} 0.5 & 0.25 & 0.25 & 0 \\ 0 & 0.5 & 0.5 & 0 \\ 0.25 & 0 & 0.5 & 0.25 \\ 0 & 0.25 & 0.25 & 0.5 \end{pmatrix}$$

et $\{X_2(n), n \geq 0\}$ définie par la matrice de probabilité de transition suivante P_2 :

$$P_2 = \begin{pmatrix} 0.5 & 0.25 & 0.25 & 0 \\ 0 & 0.5 & 0.5 & 0 \\ 0 & 0.25 & 0.5 & 0.25 \\ 0 & 0.25 & 0.25 & 0.5 \end{pmatrix}$$

On peut remarquer que $\{X_1(n), n \geq 0\} \preceq_{st} \{X_2(n), n \geq 0\}$ car le Théorème 3 est vérifié. Pour ce qui est de l'ordre $\preceq_{wk}$, nous prenons deux vecteurs : $p = (0, 0.5, 0.5, 0)$, et $q = (0.5, 0, 0, 0.5)$, tels que $p \preceq_{wk} q$. En effectuant les produits des vecteurs par les matrices, on obtient :

$$pP_1 = (0.125, 0.25, 0.5, 0.125)$$

et

$$qP_2 = (0.25, 0.25, 0.25, 0.25)$$

Nous remarquons que pour l'ensemble croissant $\Gamma = \{(1, 0), (1, 1)\}$, on a : $\sum_{x \in \Gamma} pP_1(x) = 0.625 > \sum_{x \in \Gamma} qP_2(x) = 0.5$.

On en déduit donc que :

$$\{X_1(n), n \geq 0\} \npreceq_{wk} \{X_2(n), n \geq 0\}$$

Ainsi, comme nous l'avons dit précédemment, il est évident de dire que si l'ordre fort existe entre des variables aléatoires alors des ordres plus faibles existent également. Dans le cas de chaînes de Markov cela n'est pas vrai : la conservation de l'ordre fort dans le temps entre des chaînes n'implique pas la conservation d'ordres plus faibles. Ce résultat est important en termes d'utilisation de méthodes de comparaisons stochastiques. Car bien que le couplage permette de générer l'ordre $\preceq_{st}$ entre des chaînes, il ne permet pas de générer les ordres plus faibles $\preceq_{wk}$ et $\preceq_{wk^*}$.

3.7 La comparaison stochastique pour l'évaluation des performances

Nous supposons que le système peut-être représenté par une chaîne de Markov à temps continu (CMTC) notée $\{X_1(t), t \geq 0\}$, et définie sur un espace d'état S (représenté en général par $\mathbb{N}^n$). On note par $\Pi_1(x, t)$ la probabilité à l'instant t que le processus soit à l'état x. Nous supposons que l'espace d'état S est muni d'un préordre (exemple : l'ordre composante par composante). Nous voulons calculer la mesure de performance suivante :

$$R_1(t) = \sum_{x \in A} \Pi_1(x, t) f(x) \tag{3.9}$$

où f est une fonction croissante $S \to \mathbb{R}^+$. Quand $t \to \infty$, si le processus a un comportement stationnaire, on note par $\Pi_1(x)$ la probabilité stationnaire d'être à l'état x. R_1 représente alors la mesure calculée à partir de la distribution stationnaire. Si $\Pi_1(t)$ (ou Π_1) n'a pas de solution simple, alors le calcul de $R_1(t)$ ou (R_1) devient difficile si la taille de l'espace d'état S est importante. Nous proposons d'appliquer la comparaison stochastique c'est à dire borner $\{X_1(t), t \geq 0\}$ par $\{X_2(t), t \geq 0\}$ dans le sens d'un ordre stochastique $\preceq_{\Phi}$:

$$\{X_1(t), t \geq 0\} \preceq_{\Phi} \{X_2(t), t \geq 0\} \tag{3.10}$$

ou

$$\{X_2(t), t \geq 0\} \preceq_{\Phi} \{X_1(t), t \geq 0\} \tag{3.11}$$

tel que $\{X_2(t), t \geq 0\}$ est plus facile à analyser, dans le sens où la distribution est calculable plus facilement, ou est définie sur un espace d'état plus petit (voir Fourneau et al. [29]). Ansi on peut calculer la mesure bornante $R_2(t)$ tel que :

$$R_1(t) \leq R_2(t) \tag{3.12}$$

ou

$$R_2(t) \leq R_1(t) \tag{3.13}$$

Le choix de l'ordre stochastique $\preceq_{\Phi} \in \{\preceq_{st}, \preceq_{wk}, \preceq_{wk^*}\}$ n'est pas trivial. Il se fait d'abord selon le type d'ensemble croissant A utilisé dans l'équation (3.9). En conclusion, si $R_1(t)$ se calcule comme une fonction croissante sur un ensemble croissant A (Equation 3.9), alors il faut étudier le type de l'ensemble croissant A afin de calculer $R_2(t)$:

1. Si A est un ensemble croissant quelconque c'est à dire : $A \in \Phi_{st}(S)$, alors on applique le couplage pour rechercher l'ordre $\preceq_{st}$. Il y a deux cas :

   (a) Si l'ordre $\preceq_{st}$ existe : alors pour tout type d'ensemble croissant A, pour le calcul de la distribution de probabilité transitoire du système bornant, on doit prendre un vecteur de probabilité initial q tel que $p \preceq_{st} q$ (s'il s'agit d'une borne supérieure), et p est le vecteur de probabilité initial du système exact). Afin d'avoir la comparaison des distributions de probabilités transitoires, d'après l'équation (3.2). Ainsi, il faut remarquer que dans le cas où A est un ensemble croissant particulier, par exemple : $A \in \Phi_{wk}(S)$, nous ne pouvons pas prendre $p \preceq_{wk} q$ comme la comparaison $\preceq_{st}$ n'implique pas la comparaison $\preceq_{wk}$.

(b) Si l'ordre $\preceq_{st}$ n'existe pas, alors on recherche des ordres plus faibles :

    i. If $A \in \Phi_{wk}(S)$ alors on recherche si l'ordre $\preceq_{wk}$ existe et donc on applique le Théoreme 4, et nous vérifions si la $\preceq_{wk}$-monotonie existe (pas la $\preceq_{st}$-monotonie car cela n'implique pas la $\preceq_{wk}$-monotonie)

    ii. Si $A \in \Phi_{wk^*}(S)$ alors on recherche si l'ordre $\preceq_{wk^*}$ existe en suivant les mêmes étapes que le cas précédent.

2. Si A n'est pas un ensemble croissant (c'est à dire $A \notin \Phi_{st}(S)$), et f n'est pas une fonction croissante, alors pour calculer une mesure bornante supérieure, on définit un ensemble croissant B tel que $A \subset B$ et une fonction croissante f_1 supérieure à f et on retourne à (1). Pour une borne inférieure, on définit un ensemble croissant $B \subset A$, et une fonction croissante f_2 inférieure à f, et on retourne en (1).

On peut appliquer cette analyse à des cas relativement concrets d'évaluation des performance. Si on suppose l'ordre composante par composante, alors les probabilités de perte bornantes peuvent être obtenues par une comparaison des processus selon l'ordre $\preceq_{st}$, ou $\preceq_{wk}$. Alors que la probabilité qu'un système soit non vide se calcule à partir de l'ordre $\preceq_{wk^*}$ ou l'ordre fort $\preceq_{st}$. Ansi comme il a été dit précédemment, comme le couplage est plus intuitif, on commence par rechercher si l'ordre $\preceq_{st}$ existe, et si ce n'est pas le cas, selon le type de l'ensemble croissant A, on vérifiera si des ordres plus faibles existent. Dans [17], nous avons étudié un réseau de files d'attente de type Jackson, avec des files à capacité finie. Ce système n'ayant pas de forme produit, nous avons défini différents systèmes bornants ayant une forme produit. L'un est obtenu en rendant infinie la capacité des files, afin d'obtenir un réseau de Jackson dont la distribution de probabilité stationnaire a une forme produit. Nous avons démontré par le couplage en fonction des événements que l'ordre $\preceq_{st}$ existait entre les systèmes. L'autre système bornant est obtenu en coupant les liens entre les files de façon à obtenir des files $M/M/1$ indépendantes, dont les distributions de probabilités stationnaires et transitoires sont calculables. Nous avons montré en utilisant la méthode des ensembles croissants que l'ordre $\preceq_{wk}$ existait entre les systèmes. L'intérêt de cette étude a été de comparer la qualité de ces systèmes bornants à partir de la probabilité de blocage, afin d'identifier une tendance en fonction du type d'ordre stochastique utilisé.

3.8 Conclusion

Nous avons présenté dans ce chapitre les différentes méthodes de comparaison stochastique de chaînes de Markov multidimensionnelles. Nous avons étudié les différents types d'ordres stochastiques définis à partir de familles d'ensembles croissants. Nous avons expliqué quelle méthode pouvait être utilisée pour définir chacun de ces ordres. L'un des principaux objectifs de ce chapitre est d'étudier les liens entre ces ordres stochastiques dans le cas de chaînes de Markov. En évaluation des performances, l'ordre fort permet de comparer les mesures de performances qui s'écrivent comme des fonctions croissantes sur tous les ensembles croissants. A cause de l'inclusion entre les familles des ensembles croissants, l'ordre fort permet de générer une comparaison sur tous les types d'ensembles croissants, alors que les ordres faibles seulement sur certains types d'ensembles croissants.

Nous avons montré que si l'ordre fort existe entre les chaînes, alors les ordres faibles n'existent pas forcément entre ces chaînes. Ce résultat est important pour le calcul de mesures de performances transitoires, car les vecteurs de probabilités initiaux doivent obligatoirement vérifier l'ordre fort. Nous avons pu voir dans ce chapitre les différentes méthodes de comparaison utilisées pour définir l'ordre fort et les ordres faibles. Ainsi, on peut commencer par vérifier par le couplage que l'ordre fort existe, ensuite s'il n'existe pas, on utilise la méthode des ensembles croissants pour vérifier si des ordres plus faibles existent. Il est important de savoir utiliser différentes méthodes pour définir plusieurs types d'ordres stochastiques. Car cela permet d'apporter dans certains cas des solutions à des problèmes de performance difficiles à résoudre. C'est pourquoi, dans ce chapitre, j'ai expliqué à partir d'une formule de mesure de performance à calculer, dépendant d'un ensemble croissant A, les différentes méthodes à appliquer afin de calculer une borne.

Chapitre 4

Applications des méthodes de bornes

Ce chapitre vise à expliquer concrètement comment appliquer les méthodes de bornes afin d'analyser plus facilement les performances d'un système. Dans un premier temps, nous nous intéresserons à l'agrégation bornante en utilisant la comparaison stochastique par fonction de projection dans un espace d'état plus petit. Nous présenterons d'abord un algorithme basé sur un formalisme matriciel afin de générer des générateurs infinitésimaux agrégés [13, 14]. L'agrégation s'effectue dans un sous espace de l'espace d'état d'origine afin de construire un processus bornant de taille plus petite. Dans un deuxième temps, l'agrégation est plus générale car elle s'effectue dans un espace plus petit pouvant être différent de l'espace initial [19]. Dans ce cas là, c'est la méthode du couplage qui a été utilisée. La dernière partie de ce chapitre concerne l'application des méthodes de bornes à des cas concrets d'évaluation des performances des réseaux [40].

Ce chapitre présente les parties suivantes :

1. Définition d'un algorithme basé sur la comparaison des matrices pour générer une chaîne bornante de taille réduite.

2. Utilisation du couplage pour définir une chaîne agrégée bornante.

3. Application des méthodes de bornes à des cas concrets de réseaux.

4.1 Algorithmes d'agrégations bornantes

L'agrégation bornante s'applique pour construire une chaîne de Markov de taille réduite à partir de laquelle on calcule une mesure de performance bornante (supérieure ou inférieure). Dans certains cas, nous avons besoin de calculer un indice de performance qui dépend d'un nombre limité d'états (probabilité de blocage, disponibilité d'un système). Donc on peut se dire qu'il n'est pas indispensable de représenter tous les états : on peut en regrouper certains afin de définir des sortes de macro-états, et calculer les taux de transition vers et depuis ces macro-états de façon à obtenir des bornes supérieures ou inférieures pour l'indice de performance à calculer. L'intérêt de ces techniques est de proposer un compromis entre qualité de la borne et complexité de calcul. Plus on agrège c'est à dire plus on définit des macro-états, ou plus on définit des gros macro-états, alors on réduit davantage l'espace d'états mais au détriment de la qualité de la borne. L'agrégation des chaînes de Markov existe déjà depuis plusieurs années. Ainsi, l'algorithme de Courtois [4] propose une agrégation de l'espace d'états en sous-ensembles d'états dont les interactions sont fortes (taux de transition significatifs). Alors que les interactions entre les sous-ensembles sont faibles. Un algorithme approximatif est proposé afin de résoudre les sous-systèmes séparément et calculer la distribution de probabilité stationnaire. Des calculs de bornes de probabilités stationnaires ont été également proposées dans [7, 25, 36] par analyse de sous-chaînes et/ou agrégation de l'espace d'état.

Dans notre travail, nous avons appliqué la comparaison par fonctions de projections dans un espace d'état plus petit afin de définir des chaînes agrégées bornantes. L'intérêt des méthodes de bornes stochastiques est de déduire des encadrements aussi bien sur des distributions de probabilités stationnaires que transitoires. Dans [51], l'auteur applique les méthodes de bornes afin de construire des matrices bornantes "lumpables" (ou agrégeable) sur un espace totalement ordonné. Notre approche est similaire sauf qu'elle est plus générale dans le sens où l'on ne suppose qu'un ordre partiel sur l'espace d'états. Ce travail a été publié dans [13, 14].

4.1.1 Algorithmes d'agrégations bornantes

Soit $\{X(t), t \geq 0\}$ une chaîne de Markov multidimensionnelle définie sur un espace d'état S muni d'un préordre $\preceq$. Soit Q son générateur infinitésimal. Nous supposons que nous avons à calculer un indice de performance $R(t)$ donné par l'équation (3.9) du chapitre précédent. Nous proposons d'appliquer l'agrégation bornante, et pour cela nous passons par les deux étapes suivantes :

1. Définition d'une fonction surjective $g : S \to F$ $(F \subset S)$ de projection pour réduire S
2. Définition d'un générateur infinitésimal Q^b pour la chaîne agrégée

La fonction g est définie en agrégeant certains états de S. Il y a deux cas pour $x_i \in S$:

1. x_i n'est pas agrégé avec d'autres états, x_i est projeté vers le même état x_i, donc $g(x_i) = x_i$, et $\nexists y \in S \mid y \neq x_i$ et $g(y) = x_i$.
2. x_i est agrégé avec d'autres états, il y a alors deux cas selon que l'on définisse une borne supérieure ou inférieure :
   (a) Borne supérieure : $\{x_1, \ldots, x_i, \ldots, x_n\}$, est projeté vers l'état supérieur x_n $(\forall 1 \leq i \leq n, x_i \preceq x_n)$, et x_n représente ainsi un maro-état.
   (b) Borne inférieure : $\{x_1, \ldots, x_i, \ldots, x_n\}$, est projeté vers l'état inférieur x_1 $(\forall 1 \leq i \leq n, x_1 \preceq x_i)$, et x_1 est un macro-état.

Le principe de l'algorithme est de définir une chaîne agrégée bornante $X^b(t)$ représentant une borne supérieure ou inférieure à $g(X(t))$. Ainsi Q^b est obtenu à partir de Q et M_g qui est la représentation matricielle de g comme suit [13] :

$$M_g[i,j] = \left\{ \begin{array}{ll} 1 & \text{if } g(i) = j \\ 0 & \text{sinon} \end{array} \right. , \quad i \in S \ et \ j \in F$$

Alors Q^b est défini comme suit :

$$\forall x \in F, \ Q^b[x, *] = Q[x, *] M_g \tag{4.1}$$

où $Q^b[x, *]$ est la ligne de la matrice Q_b correspondant à l'état x. Les principales étapes de calcul d'un indice de performance bornant par construction d'une chaîne de Markov agrégée sont décrites dans l'Algorithme 1. Dans cet algorithme, nous supposons que $\{X(t), t \geq 0\}$ est monotone selon l'ordre $\preceq_{st}$. La preuve de la comparaison stochastique des processus est basée sur le Théorème 6, elle est présentée en détail dans [13]. Dans le cas où la chaîne initiale n'est pas monotone, on construit une chaîne bornante monotone. La monotonie est une propriété importante en terme de qualité de la borne, c'est à dire que la meilleure chaîne bornante (c'est à dire la plus proche du système exact) est monotone.

Dans l'Algorithme 1 on peut remarquer certains points importants : d'abord, l'algorithme ne garantit pas la construction d'une chaîne bornante irréductible. C'est sans doute un point à améliorer. Même si la chaîne initiale est irréductible, la chaîne agrégée peut ne pas l'être. L'irréductibilité de la chaîne est vérifiée par l'algorithme de

---

Algorithm 1 Construction d'une chaîne agrégée bornante supérieure (resp. inférieure) $X^b(t)$ tel que $R(t) \leq R^b(t)$ (resp. $R^b(t) \leq R(t)$)

Require: Générateur infinitésimal Q, espace d'état S, fonction de récompense f utilisée pour le calcul de la mesure de performance $R(t)$.

1: Définir un préordre $\preceq$ sur S tel que f est une fonction croissante
2: Vérifier la monotonie de $\{X(t), t \geq 0\}$
3: Pour chaque état $x \in S$, définir la fonction de projection $g(x)$ vers l'état le plus grand (resp. le plus petit) en donnant l'état $y \in F$ tel que $y = g(x)$
4: Pour chaque état $x \in F$ définir la ligne de Q^b correspondant au taux de transition de $x : Q^b[x, *] = Q[x, *]M_g$.
5: Si $\{X^b(t), t \geq 0\}$ n'est pas irréductible, on retourne à (3), sinon on continue à l'étape suivante.
6: Calculer $\Pi^b(t)$, et $R^b(t)$.

---

résolution de la chaîne. Si la chaîne n'est pas irréductible, alors on retourne au point (3) de l'algorithme afin de définir une nouvelle fonction de projection g. Dans l'Algorithme 1, nous avons fourni les étapes de construction d'une chaîne agrégée par la définition de son générateur infinitésimal. On peut facilement éviter de construire la matrice initiale Q, car la chaîne agrégée peut être générée directement en décrivant les équations d'évolution. Dans la partie suivante, nous donnons un exemple d'application de notre algorithme.

4.1.2 Résultats numériques

Nous étudions le réseau de files d'attente avec retour donné dans la Figure 4.1. On suppose que les arrivées dans la file 1 sont de type Poisson. Pour chaque file i ($1 \leq i \leq 4$), les taux de services sont exponentiels de paramètre $\mu_i = 100$. Les probabilités de routage sont : $p_{1,2} = p_{1,3} = 0.5$, $p_{3,1} = 0.3$, et $p_{3,4} = 0.7$. On suppose que $B_1 = B_2 = B_3 = B_4 = 20$.

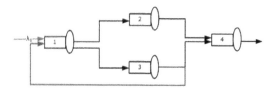

FIGURE 4.1 – Réseau de files d'attente avec rebouclage

Le système est défini sur l'espace d'état $\mathbb{N}^4$, où l'on considère l'ordre composante par composante. La fonction de projection g est caractérisée par une agrégation dépendant de deux paramètres : $k < n$ qui représente le nombre de composantes à projeter, et Δ pour définir la valeur de la composante projetée. L'idée générale de l'agrégation consiste pour un état $x = (x_1 \ldots, x_k, \ldots, x_n) \in S$, de changer les composantes $x_1, \ldots, x_k$, (correspondant aux files $1, \ldots, k$) vers les valeurs les plus grandes (dans le cas de la définition de la borne supérieure) ou plus petites (dans le cas de la définition de la borne inférieure). On obtient ainsi deux types de chaînes agrégées, une bornante supérieure et une bornante inférieure définies comme suit :

λ	Pb_4 Taille=194481	Pb_4^u ($\Delta=5$) Taille= 15876	Pb_4^u ($\Delta=10$) Taille= 53361	Pb_4^l ($\Delta=10$) Taille= 53361	Pb_4^l ($\Delta=15$) Taille=112896
20	$2.0e-13$	$1.7e-3$	$2.2e-6$	$6.5e-15$	$8.2e-15$
30	$5.7e-10$	$6.8e-3$	$4.6e-5$	$1.7e-11$	$2.3e-11$
40	$1.5e-7$	$1.8e-2$	$4.6e-4$	$3.9e-9$	$6.0e-9$
50	$9.8e-6$	$3.8e-2$	$2.7e-3$	$2.3e-7$	$4.0e-7$
60	$2.6e-4$	$6.6e-2$	$1.1e-2$	$5.1e-6$	$1.0e-5$
70	0.004	0.103	0.03	$5.4e-5$	$1.2e-4$
80	0.023	0.145	0.066	$3.0e-4$	$7.0e-4$
90	0.074	0.18	0.114	$9.0e-4$	$2.0e-3$

TABLE 4.1 – Probabilités de blocage de la file 4

t	$Pb_4(t)$ Taille= 194481	$Pb_4^u(t)$ ($\Delta=10$) Taille= 53361	$Pb_4^l(t)$ ($\Delta=10$) Taille= 53361
$1.0e-5$	0.9991	0.9999	0.998
$1.0e-3$	0.9137	0.9138	0.9120
$1.0e-2$	0.6655	0.666	0.6211

TABLE 4.2 – Probabilités de blocage transitoires de la file 4

1. Pour la borne supérieure : les états x tels que $x_i \leq B_i - \Delta, \forall 1 \leq i \leq k$, sont projetés vers l'état le plus grand $(B_1 - \Delta, \ldots, B_k - \Delta, x_{k+1}, \ldots, x_n)$.

2. Pour la borne inférieure : les états x tels que $x_i \geq \Delta, \forall 1 \leq i \leq k$, sont projetés vers l'état le plus petit $(\Delta, \ldots, \Delta, x_{k+1}, \ldots, x_n)$.

Dans la Table 4.1, on donne les probabilités de blocage de la file 4 en fonction du taux d'arrivée λ. Le but est de proposer différentes chaînes agrégées pour différentes valeurs du paramètre Δ. Pb_4 représente la valeur exacte, et Pb_4^u (resp. Pb_4^l) représente la borne supérieure (resp. inférieure). On peut voir l'influence de Δ : quand il augmente, la taille de la chaîne augmente et donc la qualité de la borne s'améliore.

Dans la Table 4.2, on donne les probabilités de blocage transitoires (exactes et bornantes) pour différentes valeurs de t. On choisit un vecteur de probabilités initiales tel que la probabilité vaut 1 sur l'état le plus grand (quand toutes les files sont pleines) et 0 pour les autres états. On peut remarquer la monotonie du processus, c'est à dire la décroissance avec le temps t, jusqu'à arriver à un comportement stationnaire.

Dans cette partie, un formalisme matriciel a été utilisé pour construire des chaînes de Markov agrégées. Dans la section suivante, c'est un autre formalisme qui est appliqué, celui du couplage par fonctions de projections.

4.2 Le couplage pour des agrégations bornantes

Nous appliquons le couplage de processus par fonctions de projections afin de définir des chaînes agrégées. L'approche proposée est différente de la précédente mais aussi des autres types d'agrégations classiques telles que celles de Courtois [4] et aussi celles de [7,25,36]. Car on n'agrège pas l'espace d'état pour obtenir un sous espace d'état, mais on obtient un état différent, et plus petit. Nous avons choisi d'utiliser la méthode du couplage afin de construire le processus agrégé bornant. Il est clair que l'on aurait pu également utiliser un formalisme matriciel comme celui de l'agrégation précédente. Notre objectif est d'utiliser une méthode liée aux événements se déclenchant dans les systèmes, afin d'être plus proche d'une spécification de haut niveau. Ce point sera discuté dans les perspectives. L'idée du couplage est d'utiliser la compensation des sauts dus aux événements se déclenchant dans les systèmes, afin de construire la chaîne agrégée. On appliquera cette méthode à un exemple concret à partir duquel on va définir un système agrégé bornant.

4.2.1 Définition de sous-réseaux bornants

Souvent, nous avons besoin d'étudier qu'une partie d'un réseau, dans le cas par exemple où l'on veuille calculer des mesures de performance d'un sous-réseau. Pour être plus clairs, nous allons appliquer la méthode du couplage par fonctions de projections directement à un réseau de files d'attente. Soit un réseau de n files $M/M/c_i/k_i$ interconnectées avec les hypothèses suivantes pour chaque file i :

– temps inter-arrivées exponentiels de paramètre λ_i

– chaque serveur a un temps de service exponentiel de paramètre μ_i, et après son service, un client a 2 possibilités :

– avec une probabilité $p_{i,j}$, il transite vers la file j si elle n'est pas pleine, sinon il est perdu.

– avec la probabilité d_i il quitte le système

Ce système peut être représenté par la chaîne de Markov $\{X(t), t \geq 0\}$ définie sur un espace d'état $\mathbb{N}^n$. Soit $I = \{1, \ldots k\}$ l'ensemble des files du sous-réseau à étudier et noté par $(M/M/c_i/k_i)^k$. Pour définir un réseau bornant à ce sous-réseau, on définit la fonction de projection surjective $g : \mathbb{N}^n \to \mathbb{N}^k$, telle que $k < n$. Le comportement du sous-réseau I est décrit par l'image du processus $\{X(t), t \geq 0\}$ par g, c'est à dire $\{g(X(t)), t \geq 0\}$. Nous pouvons facilement remarquer que l'évolution de cette chaîne dépend des états de $\{X(t), t \geq 0\}$. Nous proposons de définir une chaîne de Markov bornante supérieure (resp. inférieure) $\{Y^u(t), t \geq 0\}$ (resp. $\{Y^l(t), t \geq 0\}$) plus facile à analyser et représentée par un réseau de $k \leq n$ files : $(M/M/c_i/k_i)^k$, dont on va calculer les taux. Ces chaînes représentent des bornes pour le sous-réseau I. Les taux de transition des chaînes bornantes ont été calculés par le couplage. Intuitivement, cela consiste à couper les liens entre le sous-réseau I et le reste du réseau, et les taux de transitions correspondants ont été rajouté différemment selon qu'il s'agit de la borne supérieure ou de la borne inférieure. Par exemple, pour la borne supérieure, les taux de transit provenant des files à l'extérieur du sous-réseau I ont été rajoutés aux taux d'arrivée des files du sous-réseau. L'intérêt de ces bornes est de garder la dynamique du sous-réseau (par exemple routage entre les files), ce qui est différent des bornes proposées par Massey où les liens entre les files ont été coupés [38].

Les taux de transition ont été obtenus par couplage des processus par fonctions de projections, en appliquant le théorème suivant [28, 34] :

Théorème 7 *Les propositions suivantes sont équivalentes :*

1. $\{g(X(t)), t \geq 0\} \preceq_{st} \{Y(t), t \geq 0\}$

2. Il existe la chaîne couplée $\{(\widehat{X}(t), \widehat{Y}(t), t \geq 0\}$ *telle que :*

$$g(\widehat{X}(0)[\omega]) \preceq \widehat{Y}(0)[\omega] \Rightarrow g(\widehat{X}(t)[\omega]) \preceq \widehat{Y}(t)[\omega], \ \forall t > 0$$

3. Il existe une chaîne de Markov $\{Z(t) = (\widehat{X}(t), \widehat{Y}(t)), t \geq 0\}$ *prenant ses valeurs dans*

$$K = \{(x, y) \in S \times F, g(x) \preceq y\}$$

On utilise le (2) du Théorème 7, c'est à dire que l'on va va définir les taux de transitions de $\{Y^u(t), t \geq 0\}$ de façon à ce que la processus $Z(t) = (\widehat{X}(t), \widehat{Y}^u(t))$ reste dans :

$$K = \{(x, y) \in \mathbb{N}^n \times \mathbb{N}^k \mid g(x) \preceq y\}$$

On définit ainsi les taux de transition de $\widehat{Y}^u(t)$ de tel façon que si $Z(t)$ sort de K par la première composante (x), alors on doit avoir un saut de la deuxième composante (y) afin de compenser et rester dans K. $Z(t)$ peut également sortir de K par y, et donc il faut compenser par un saut de x. Je donne un exemple pour une sortie par x et une autre par y. On note par $v_i \in \mathbb{N}^k$ le vecteur tel que toutes les composantes sont nulles sauf la composante i qui est égale à 1. Dans la suite, on étudie les événements pouvant modifier une file i du sous-réseau I :

1. Si on a une arrivée dans une file $i \in I$ générant une transition de x vers x' tel que $g(x') = g(x) + v_i$, alors on doit avoir une transition de y vers y' tel que $y' = y + v_i$, de façon à avoir $g(x') \preceq y'$. Donc les taux de transition vérifient la condition suivante :

$$Q^u(y, y + v_i) \geq \sum_{x'|g(x')=g(x)+v_i} Q(x, x') \tag{4.2}$$

Comme l'inégalité (4.2) doit être satisfaite pour tous les états x tels que $(x, y) \in K$, alors on prend le maximum sur les états $x \in N^n$:

$$\max_{x|g(x)\preceq y} \{ \sum_{x'|g(x')=g(x)+v_i} Q(x, x')\}$$

et donc on obtient $Q^u(y, y + v_i) = \lambda_i + \sum_{j \notin I} c_j \mu_j p_{j,i}, \forall i \in I$.

2. Si l'on a un service dans une file $i \in I$ de y alors on doit également avoir un service dans la même file i de x. Donc $Q^u(y, y - v_i) = min(y_i, c_i) \mu_i [d_i + \sum_{j \notin I} p_{i,j}], \forall i \in I$.

Ainsi, nous considérons tous les événements pouvant entraîner des changements dans le processus $\{g(X(t)), t \geq 0\}$ représentant le comportement exact du sous-réseau I. On peut alors définir les taux de transition de $\{Y^u(t), t \geq 0\}$ représentant une borne supérieure pour le sous-réseau I. Ainsi chaque file i du sous réseau I de la borne supérieure est définie par les taux de transitions suivants, pour un état $y \in \mathbb{N}^k$:
- taux d'arrivée : $\lambda_i + \sum_{j \notin I} c_j \mu_j p_{j,i}$, si $y_i < k_i$.
- taux de départ : $min(y_i, c_i) \mu_i [d_i + \sum_{j \notin I} p_{i,j}]$,
- taux de transit vers $j \neq i \in I$: $min(y_i, c_i) \mu_i p_{i,j}$, si $y_j < k_j$.

Pour ce qui est de la borne inférieure $\{Y^l(t), t \geq 0\}$, on raisonne de la même façon en inversant le sens de l'inégalité. Par exemple pour le taux d'arrivée on obtient logiquement un minimum des taux de transitions venant des autres files. On obtient donc les taux de transition suivants pour chaque file $i \in I$:
- taux d'arrivée : λ_i, si $y_i < k_i$.
- taux de départ : $min(y_i, c_i) \mu_i [d_i + \sum_{j \notin I} p_{i,j}]$,
- taux de transit vers $j \neq i \in I$: $min(y_i, c_i) \mu_i p_{i,j}$, si $y_j < k_j$.

Nous donnons maintenant une application afin de donner quelques résultats numériques.

4.2.2 Résultats numériques

Dans les Figures 4.3 et 4.4, on représente la probabilité de blocage de la file 9 notée Pb_9 en fonction de différents paramètres, et pour les différents sous-réseaux décrits dans la Table 4.3. Ces sous-réseaux contiennent tous les noeuds 9 à étudier, et sont liés par une relation d'inclusion : $I_4 \subset I_3 \subset I_2 \subset I_1$, afin de couper progressivement les liens pour définir les systèmes bornants. Les résultats ont été obtenus par simulation avec Simevent de Matlab. Nous avons également étudié l'influence de certains paramètres d'entrée sur les valeurs des bornes. Dans la Figure 4.3, les files connectées à la file 9 sont moins chargées que dans la Figure 4.4. Et donc on peux voir que dans ce cas là, le définition du sous-réseau a une influence plus importante sur la qualité de la borne supérieure. Dans la Figure 4.4, les files connectées à la file 9 étant plus chargées, la définition du sous réseau n'a pratiquement pas d'influence

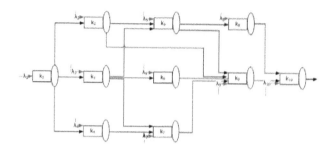

FIGURE 4.2 – Réseau de files d'attente étudié

I_1	$\{1,2,3,5,6,9\}$
I_2	$\{1,2,3,6,9\}$
I_3	$\{1,3,6,9\}$
I_4	$\{9\}$

TABLE 4.3 – Description des Sous-réseaux

sur la qualité de la borne supérieure. C'est logique car la valeur du taux d'arrivée de la file 9 devient très proche de celle du système exact. Ainsi, pour ce cas de figure, le sous-réseau I_4 représente une bonne solution vu qu'il suffit que de la file 9 pour obtenir une borne supérieure de la probabilité de blocage. Pour les bornes inférieures, on peut remarquer dans les deux cas de figures l'effet de la définition du sous-réseau sur la qualité des bornes. Là aussi c'est logique vu la définition des paramètres de la file 9.

4.3 Applications à des réseaux de communications

Dans cette partie, j'aborderai la partie application des méthodes de bornes stochastiques à des cas concrets de réseaux de communication. Dans certains cas, on utilisera les agrégations bornantes (ou comparaisons par fonctions de projections), mais dans d'autres cas on comparera des processus définis sur des espaces identiques. Dans ce cas là, le système bornant est plus simple à analyser, par exemple, la distribution de probabilité stationnaire a une forme produit. Dans [40], nous montrons différents cas d'applications, dans les réseaux fixes et mobiles. On étudie un switch MPLS, représenté par deux étages de buffers. Les arrivées extérieures entrent dans le 1er étage, et sont ensuite routées vers le deuxième étage. Le but est de calculer le taux de perte au deuxième étage. Les systèmes bornants ont été définis par simplification du système exact. Pour la borne supérieure, on a remplacé des buffers du premier étage par des sources, et pour la borne inférieure on remplace par des buffers de taille plus petite. On a démontré par le couplage des processus en fonction des différents événements que l'ordre fort existait. Dans ce réseau on tient compte de la QoS des différents flux, et donc les buffers modifiés sont ceux correspondants à des flux moins prioritaires. Dans le cas des réseaux mobiles, on a considéré un réseau de K cellules, où l'on a proposé un

41

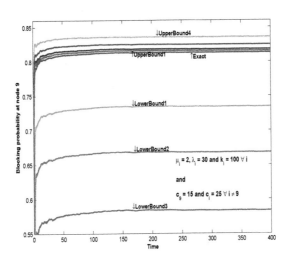

FIGURE 4.3 – Pb_9 pour $c_9 = 15$ et $c_i = 25$, $\forall i \neq 9$

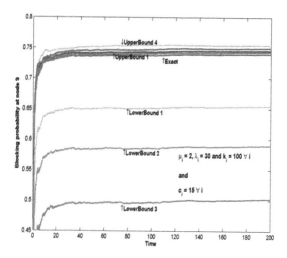

FIGURE 4.4 – Pb_9 pour $c_i = 15$, $\forall 1 \leq i \leq 10$

protocole CAC (Connection Admission Control) avec des appels de voix et de données. Dans le protocole proposé, on a donné la priorité au handover afin d'améliorer le dropping handover. Nous avons considéré plusieurs cellules, et donc le système devient vite complexe à cause du nombre d'états et des événements (arrivées de données, de voix, handovers, et services). On représente le système par une chaîne de Markov multidimensionnelle. On propose de définir un système bornant représenté par des files indépendantes, dont on doit définir les paramètres. Dans [16], on s'intéresse à un problème de performabilité dans les réseaux de télécommunication. On étudie le modèle de perte d'Erlang (Erlang loss model) et on suppose que chaque canal peut tomber en panne pour être ensuite réparé au bout d'un certain temps. Le fait de prendre en compte à la fois les problèmes d'occupation et de fiabilité des ressources font que le système devient vite complexe. La démarche adoptée consiste à modifier la chaine de Markov initiale afin de se ramener à une chaîne plus facile à analyser. Deux approches ont été étudiées. Dans la première, on a modifié les transitions entre les états de façon à se ramener à une chaîne dont la distribution de probabilité stationnaire a une forme produit. Dans la deuxième, on a procédé à une agrégation de l'espace d'état afin de se ramener à une chaîne de taille réduite. L'intérêt de ce travail a été de définir un ordre différent de l'ordre composante par composante pour la comparaison stochastique des chaînes. L'ordre a été construit de façon à ce que la mesure de performance s'écrive comme une fonction croissante sur la distribution de probabilité. Dans [10], on s'intéresse au calcul de probas de perte de paquets dans des mémoires optiques. On a supposé une discipline d'arrivées sporadiques de type MMPP (Markov Modulated Poisson Process) par batch, une gestion de buffer de type Push Out, et deux types de paquets avec différentes contraintes de QoS. L'état du système tient compte de la phase des arrivées et de l'état du buffer. On arrive à un système multidimensionnel dont la taille croît avec la capacité du buffer. L'ordre sur l'espace d'état est défini en fonction de la fonction de récompense de l'indice de performance à calculer. Il s'agit d'un ordre partiel, basé sur la phase et l'état du buffer. Dans ce travail, des agrégations bornantes ont été proposées afin de calculer les probabilités de perte.

4.4 Conclusion

Dans les deux premières sections, nous avons présenté des techniques d'agrégations bornantes en utilisant différentes méthodes de comparaisons stochastiques. Pour la méthode des ensembles croissants, on utilise un formalisme matriciel, alors que le couplage est basé sur les équations d'évolution des chaînes. L'algorithme matriciel proposé consiste à construire une chaîne agrégée définie sur un sous-espace d'état de l'espace initial. Le couplage a été appliqué à une chaîne multidimensionnelle représentant un réseau de files d'attente afin de définir des sous-réseau bornants. On peut remarquer d'abord qu'il y a une équivalence entre ces deux types d'agrégations : on aurait pu obtenir des bornes de sous-réseaux par l'algorithme matriciel d'agrégation en définissant une fonction de projection vers des états tels que toutes les files en dehors du sous-réseau sont pleines. On aurait également pu présenter l'algorithme matriciel sous la forme du couplage de processus. En fait, ces études réalisent des agrégations d'une manière similaire, la différence est plus au niveau du formalisme de présentation utilisé. Je reviendrai dans les perspectives sur ces remarques car elles feront l'objet d'études futures. Il est important de voir l'intérêt de de ces techniques d'agrégations sur le calcul de mesures de performances transitoires et stationnaires bornantes, en proposant un compromis entre qualité de la borne et complexité de calcul.

Chapitre 5

Perspectives

Dans ce chapitre je vais présenter quelques exemples d'études futures faisant suite à ce qui été présenté dans cet ouvrage. Dans le cadre des méthodes de bornes, un certain nombre d'applications complexes du domaine des réseaux et des services paraissent pertinentes. Dans le cadre de la performabilité, où il faut prendre en compte différents types d'événements, les systèmes peuvent devenir rapidement complexes, c'est le cas par exemple d'un réseau mobile où chaque cellule est constituée d'un ensemble de canaux pouvant être dans en état de panne/réparation et occupé/disponible par un appel. Dans le domaine de la sécurité, on peut aussi s'intéresser à des problèmes d'infections de machines par des virus. Etant donné un réseau de communication où des vers et des virus circulent, on peu modéliser le comportement de ce système pour calculer par exemple le nombre moyen de machines infectées ou encore le temps moyen au bout duquel la première attaque d'une machine arrive. Bien sûr, l'apport des méthodes de bornes à ces applications est de calculer aussi bien des mesures transitoires que stationnaires. Dans le domaine des applications du futur (basées sur les réseaux de capteurs) il est important d'effectuer une analyse en termes de performabilité à cause des problèmes à la fois de performances et de fiabilité. Dans le domaine des réseaux de capteurs, des contraintes physiques sont à prendre en compte tels que : la mobilité, faible consommation électrique, ou capacité de calcul restreintes. Ce type d'applications complexes peut être intéressant à étudier par les méthodes d'analyse mathématiques telles que les méthodes de bornes. L'intérêt d'un encadrement de mesures à la fois stationnaires permettrait que transitoires permettrait de déduire une probabilité de panne ou de non disponibilité sur un intervalle de temps, ou le temps moyen avant le déclenchement d'une panne. Par ailleurs, pour arriver à appliquer d'une manière efficace les méthodes de bornes stochastiques il faut aussi développer ces méthodes. Par exemple, des études sur la comparaison stochastique de processus non markoviens permettrait d'étendre les possibilités d'applications. Le développement d'algorithmes d'agrégations bornantes plus généraux permettrait de faciliter l'utilisation de ces méthodes.

5.1 Développements méthodologiques de la comparaison stochastique

5.1.1 Développements d'algorithmes d'agrégation

Il est nécessaire de définir des algorithmes d'agrégation plus généraux soit par un formalisme matriciel ou par le couplage permettant de définir un processus agrégé dans un espace quelconque, de taille plus petite que l'espace initial. Etant donné une fonction de projection définie en fonction de l'indice de performance à calculer, et un processus de grande taille, l'algorithme devrait être capable de générer le processus agrégé. L'agrégation bornante sur un processus pouvant être non-monotone peut se faire, et dans ce cas là, le processus agrégé bornant le plus

45

proche (le meilleur en qualité) est sans doute monotone, c'est ce que nous voulons vérifier.

Le formalisme du couplage est intéressant car en utilisant les événements, on se rapproche d'un formalisme de spécification de haut niveau.

5.1.2 Analyse sur un formalisme de spécification de haut niveau

Comme on a pu l'observer, la comparaison stochastique de chaînes de Markov est une méthode efficace mais relativement difficile à comprendre et à mettre en oeuvre. Il existe principalement deux formalismes l'un matriciel relatif aux ensembles croissants, et un autre événementiel par le biais du couplage. Le deuxième est assez intuitif car il est basé sur les équations de haut niveau. Ainsi, il peut paraître à la fois pertinent et logique d'appliquer le couplage à des formalismes de haut niveau tels que les réseaux de Pétri et les automates stochastiques. Dans [5], on applique les méthodes de bornes à des automates stochastiques représentant des chaînes de Markov de grande tailles. Les bornes sont obtenues en utilisant les informations relatives à un automate en isolation, puis elle sont rafinées en incluant d'autres automates. La qualité des bornes dépend du degré de dépendance entre les automates. Dans [31] on étudie des réseaux d'automates stochastiques "lumpables" (ou agrégeables). On suppose que les chaînes de Markov générées par ces automates ont cette propriété, ce qui simplifie le calcul de la distribution de probabilité du système. Dans [1], on étudie des réseaux de Pétri stochastiques dont le graphe de marquage (représentant des chaînes de Markov) ont des structures particulières de "lumpability" afin de réduire la taille de l'espace d'état. Par rapport à ces différentes études, les agrégations que nous avons proposées ne dépendent pas de la structure de la chaîne de Markov, et sont plus générales car elles permettent de construire des chaînes définies dans un espace d'états différent de l'espace d'états initial, pas forcément un sous espace d'états. C'est pourquoi, il nous paraît intéressant et pas impossible d'appliquer ce type d'agrégation directement à un niveau de spécification plus élevé tels que les réseaux d'automates ou de Pétri stochastiques. Ainsi, la définition de sous-réseaux de files d'attente bornants en utilisant le couplage par les événements est une forme d'agrégation intuitive qu'il serait intéressant d'étendre à des sous réseaux d'automates ou de Pétri.

5.1.3 Choix de l'ordre sur l'espace d'état

Dans certains cas, le choix de l'ordre sur l'espace d'état n'est pas évident. Dans le cas de réseaux de files d'attente, on utilise souvent l'ordre composante par composante. Dans le cas général d'un système modélisé par une chaîne de Markov, il n'est pas toujours facile, à partir des états utilisés pour calculer l'indice de performance, de choisir cet ordre. Plus précisément, on peut définir l'ordre de telle façon que l'ensemble de ces états soit un ensemble croissant. Et après, on ordonne les états de pour que le processus soit le plus proche possible d'une matrice monotone de façon à avoir la meilleure qualité possible de bornes. Ainsi, dans [26] la construction d'un ordre sur l'espace d'états est déduit de la fonction de coût et des propriétés de monotonie de la matrice. Dans le cadre de l'agrégation bornante, il nous parait intéressant d'abord de définir l'ordre uniquement par rapport à la fonction de coût. Ensuite, même si le processus n'est pas monotone, on peut trouver une fonction d'agrégation telle que le processus agrégé soit monotone. Une autre idée serait de se dire que l'on construit l'ordre d'abord de façon à avoir un processus très proche d'un processus monotone, et ensuite on modifie l'ensemble utilisé pour calculer la mesure de performance, de façon à obtenir un ensemble croissant (par ajout ou suppression d'éléments, selon le type de la borne).

5.1.4 Comparaison avec des systèmes ayant des propriétés particulières

Il serait intéressant d'étudier la comparaison stochastique afin de déduire des chaînes de Markov bornantes particulières plus facile à résoudre. Cela peut être par exemple des chaînes de Markov ayant une forme produit. Ainsi dans [16], nous avons modifié les transitions de la chaîne afin de définir une chaîne bornante à forme produit. D'une manière générale, l'application des algorithmes de résolution se trouvent simplifiés lorsque l'on travaille sur des processus particuliers. Les plus simples sont les processus de naissance et de mort, mais il existe aussi des chaînes un peu plus évoluées tels que les QBDs (Quasi-Birth-Death processes). Les générateurs infinitésimaux sont représentés par des blocs d'éléments répétitifs et tridiagonaux permettant d'obtenir la distribution de probabilité stationnaire d'une manière plus facile (méthode de matrice géométrique). Ainsi la transformation d'un système de façon à obtenir ce type de système permettrait de calculer plus facilement des mesures bornantes. L'utilisation de fonctions de projections dans des espaces plus petits permet effectivement de se ramener à un système bornant de taille plus petite. Mais cela peut être intéressant aussi de se ramener à un système bornant ayant une structure particulière. L'exemple simple est le cas d'un réseau de files d'attente dont on peut définir une borne du nombre total de clients représenté par un processus de naissance et de mort. Ces idées peuvent également s'appliquer à des chaînes partiellement spécifiées (c'est ce qui fait l'objet du projet MARINA : chaînes de MARkov INcomplètes et Analyse par comparaison stochastique) de l'appel DIM 2010 DIGITEO. Souvent, les paramètres des systèmes sont mesurés à partir d'expériences, et donc il peut être difficile de connaître par exemple la valeur exacte des taux de transition d'une chaîne. On ne peut connaître qu'un intervalle de ces taux, et donc on cherche à construire des chaînes bornantes meilleures ou pires cas plus facile à analyser.

5.1.5 Comparaison de systèmes semi ou non markoviens

La comparaison stochastique a été peu appliquée à des processus semi-markoviens ou non markoviens. Toutefois, il existe un certain nombre d'articles concernant ces sujets là.

Dans [47], la comparaison stochastique est appliquée à des processus semi-markoviens. Des conditions suffisantes sur les taux de transitions sont établies pour définir l'ordre fort entre les processus. De plus, il existe un certain nombre de travaux [53] consistant à appliquer la comparaison stochastique par fonctions de projections afin de comparer un processus non markovien avec un processus markovien. Etant donné un processus stochastique à temps discret $\{X_1(n), n \geq 0\}$ défini sur S, non markovien, on suppose qu'en ajoutant le processus $\{Y_1(n), n \geq 0\}$ défini sur S', on obtienne un processus à temps discret $\{(X_1(n), Y_1(n)), n \geq 0\}$ markovien. On propose de définir une fonction de projection $g : S \times S' \to S$, tel que $g((X_1(n), Y_1(n)) = X_1(n)$, il s'agit alors de définir un processus markovien $\{X_2(n), n \geq 0\}$ tel que $g((X_1(n), Y_1(n)) \preceq_{st} X_2(n), \forall n \geq 0$.

5.1.6 Ordres stochastiques faibles

La comparaison stochastique basée sur des ordres faibles peut être utile lorsque l'ordre fort n'existe pas entre les processus. Nous arrivons à mieux voir globalement pour quels types de mesures de performances ont peut appliquer ces ordres. Par contre, le côté intuitif sur le pourquoi dans certains cas un ordre existe et pas un autre reste difficile à comprendre. Je pense qu'il serait important (sans passer par le formalisme matriciel) d'arriver à deviner à partir du comportement des systèmes, le type l'ordre pouvant être défini. Il en est de même pour la monotonie stochastique.

5.2 Agrégation de trafic dans les réseaux

La définition de mécanismes d'agrégation est un sujet important dans les réseaux pour utiliser efficacement la bande passante. Par rapport aux travaux que j'ai présentés dans ce rapport, il paraît intéressant d'intégrer ces mécanismes dans le cadre d'une QoS de bout en bout. Il parait important de tenir compte de l'algorithme de routage utilisé, et de voir comment les délais sont optimisés. Les réseaux optiques sont essentiellement basés sur de la commutation de circuit, c'est à dire que le chemin est réservé au préalable entre la source et la destination. L'algorithme de routage doit sélectionner la route optimale (en fonction du nombre de ressources utilisées, ou taux d'utilisation des longueurs d'onde). Ainsi, à partir d'une prévision de trafic, on implémente un mécanisme d'agrégation de trafic avec différents niveaux de QoS. Puis à partir du trafic agrégé, de la topologie du réseau et des algorithmes de routage, on vérifie que les contraintes de QoS sont vérifiées. Il serait intéressant de faire une étude concrète, sur une topologie basée par exemple sur des réseaux hiérarchiques, organisés par domaines reliés par des liens physiques. Les fonctions d'agrégation de trafic sont réalisées par les routeurs de périphérie, et le routage est donc hiérarchique.

Actuellement, je travaille sur le projet du pôle systématique 100GRIA, où le passage progressif des liens à 100 Gb/s pose un certain nombres de problèmes en termes d'incompatibilité avec les terminaux existants, créant une diminution de la portée. L'impact de ces dégradations physiques des signaux doit être pris en compte, et une réflexion autour de la définition de nouvelles règles de conception de réseaux est menée. Ainsi, notre objectif est de tenir compte au niveau de l'agrégation des paquets des paramètres physiques de dispersion.

Ce paramètre est important dans la construction du paquet optique car cela se rajoute à l'en-tête en matière de bits non utiles. Il serait peut-être intéressant de tester ces mécanismes d'agrégation dans d'autres types de réseaux tels que les réseaux mobiles où une bonne utilisation de la bande passante est important vu la demande croissante en applications distribuées multimédia. Ainsi la prise en compte de différentes sources provenant de différentes technologies (3G, WiFI, BlueTooth) par une agrégation de trafic en fonction de la QoS sont des mécanismes mis en place aujourd'hui dans les réseaux LAN sans fils pour l'accès à internet.

Bibliographie

[1] S.Baarir, M.Beccuti, C.Dutheillet, G.Franceschini, S.Haddad, "Lumping partially symmetrical stochastic models", Performance Evaluation 68, 21-44, 2011, Elsevier.

[2] J.Ben Othman, H.Castel-Taleb, L.Mokdad, " Performance evaluation of mobile networks based on stochastic ordering of Markov chains", Studia Informatica Universalis, Vol 4, 2005, Hermann.

[3] J. Ben-Othman, H.Castel-Taleb, and L.Mokdad, "Multi-service MAC protocol in a CSMA/CA multi-channel for IEEE 802.11 networks", Journal of Communication and Networks (JCN), Vol 10, Num. 3, pp 287-296, Sept 2008, IEEE Comsoc.

[4] G.Bolch,S.Greiner, H.Meer, K.S.Trivedi, "Queueing networks and Markov chains, modelling and performance evaluation with computer science applications", 2006, Second Edition, Wiley.

[5] P.Buchholz, "An iterative bounding method for stochastic automata networks", Performance evaluation, 211-226, 2002, Elsevier.

[6] D. Careglio and J. S. Pareta and S. Spadaro, "Optical slot size dimensioning in IP/MPLS over OPS networks", 7th International Conference on Telecommunications. ConTEL 2003, Zagreb, Croatia, pp 759-764, 2003.

[7] J.A.Carrasco, " Bounding steady-state availability models with group repair and phase type repair distributions", Performance Evaluation, 35 (1999), 193-214.

[8] H.Castel, G.Hébuterne, "Performance analysis of an optical Man ring for asynchronous Variable Length Packets", 11th International Conference on Telecommunications, ICT 2004, Fortaleza, Brazil, August 01-07 2004.

[9] H.Castel, M.Chaitou, "Packet delay of a slotted optical MAN ring" 7th Informs Telecommunications Conference, Boca Raton Florida, March 7-10 2004.

[10] H. Castel-Taleb, J.M. Fourneau, N. Pekergin, "Stochastic bounds on partial ordering : application to memory overflows due to bursty arrivals", 20th International Symposium on Computer and Information Sciences (ISCIS 2005), October 26-28 2005, Istanbul, Turkey, published in LNCS by Springer-Verlag.

[11] H.Castel-Taleb, L.Mokdad, N.Pekergin, "Loss rates bounds for IP switches in MPLS networks", the 4th ACS/IEEE International Conference on Computer Systems and Applications (AICCSA-06), Dubai/Sharjae, UAE,March 8-11 2006.

[12] H.Castel-Taleb, L.Mokdad, N.Pekergin, "Loss rates bounds in IP buffers by Markov chains aggregations" 2007 ACS/IEEE International Conference on Computer Systems and Applications, AICCSA 2007, Amman, Jordanie, May 13-16, 2007.

[13] H.Castel-Taleb, L.Mokdad, N.Pekergin, "Aggregated bounding Markov processes applied to the analysis of tandem queues", Second International Conference on Performance Evaluation Methodologies and Tools, ValueTools Nantes, France, October 23-25, 2007, ACM Sigmetrics.

[14] H.Castel, L.Mokdad, N.Pekergin, "Stochastic bounds applied to the end to end QoS in communication systems", 15th Annual Meeting of the IEEE International Symposium on Modeling, Analysis, and Simulation of Computer and Telecommunication Systems (MASCOTS 2007), October 24-26 2007, Bogazici University Istanbul, published by the IEEE Computer Society.

[15] H.Castel-Taleb, M.Chaitou, G.Hébuterne, "Optical MAN ring performance with traffic aggregations ", Computer Communications, Vol 33 , Issue S1, Nov 2010, Elsevier.

[16] H.Castel-Taleb, I.Ismael-Aouled, N.Pekergin, "Stochastic comparisons for performability of telecommunication systems", ASMTA'10, 17th International Conference on Analytical and Stochastic Modelling Techniques and Applications, Cardiff, UK, 14-16 june 2010, LNCS 6148.

[17] H.Castel-Taleb, N.Pekergin, "Accuracy of strong and weak comparisons for network of queues", 15th International GI/ITG Conference on Measurement, Modelling and Evaluation of Computing Systems, Dependability and Fault Tolerance, MMB and DFT 2010, Essen, Germany, March 15-17, 2010, LNCS, Springer.

[18] H.Castel-Taleb, M.Chaitou, G. Hébuterne, "Performance of multicast packet aggregation in all optical slotted networks", Performance Handbook, Next generation Internet : Performance evaluation and applications, 2011, Springer Verlag, LNCS 5233.

[19] H.Castel-Taleb, I.Ismael-Aouled, N.Pekergin, "Bounding aggregations for transient and stationary performance analysis of subnetworks", the Computer Journal, April 2011, Oxford Journals, Oxford University.

[20] M.Chaitou, G.Hébuterne, H.Castel-Taleb, "A new efficient solution for QoS support in all optical metropolitan area networks", Computer communications, Volume 29, Issue 16, 3135-3147, 2006, Elsevier,

[21] M. Chaitou, G.Hébuterne, H.Castel-Taleb, "Improving bandwidth efficiency in a multi-service slotted dual bus optical ring network", IFIP Networking 2006 Coimbra, Portugal. 765-777,15-19 May 2006.

[22] M.Chaitou, G.Hébuterne, H.Castel-Taleb, "Performance of multicast over bidirectional slotted ring networks", The 31st Annual IEEE Conference on Local Computer Networks (LCN), Tampa, Florida, 14-16 Nov 2006.

[23] M. Chaitou , G. Hébuterne, H.Castel-Taleb, "Performance of multicast in WDM slotted ring networks" , Computer communications, Volume 30, Issue 2, Pages 219-232, January 2007, Elsevier.

[24] M.Chaitou, H.Castel-Taleb, G.Hébuterne, "Two efficient packet aggregation mechanisms and QoS support in a slotted dual bus optical ring network" , Performance Evaluation , Volume 64, Issue 1, Pages 20-54, January 2007, Elsevier.

[25] P-J.Courtois, P. Semal, "Computable bounds for the conditional steady-state probabilities in large Markov chains and queueing models", IEEE Journal. on Selected Areas in Communications, Vol. SAC-4, No 6, September 86.

[26] D.Daly, P.Buchholz, W.H.Sanders,"A preorder relation for Markov reward processes", Statistics Probability letters, 1148-1157, 2007.

[27] L. Dittmann and others, "The European IST project DAVID : a viable approach towards optical packet switching", IEEE J. Select. Areas Commun., vol. 21, no. 7, 2003.

[28] M.Doisy, "A coupling technique for stochastic comparison of functions of Markov processes", Journal of Applied Mathematics and Decision Sciences", 4 (1), 39-64, 2000.

[29] J. M. Fourneau, N. Pekergin, "An algorithmic approach to stochastic bounds", in Performance Evaluation of Complex Systems : Techniques and Tools, 2002, LNCS 2459.

[30] D.Fiems, B.Steyaert, H.Bruneel, "Discrete-time queues with generally distributed service times and renewal-type server interruptions", Performance Evaluation, August 2003, Elsevier.

[31] O.Gusak, T. Dayar, J-M Fourneau, "Iterative disaggregation for a class of lumpable discrete-time stochastic automata networks", Performance Evaluation, 43-69, 2003, Elesevier.

[32] G. Hébuterne and H. Castel, "Packet aggregation in all-optical networks", Proc. first int. conf. optical commun. and networks, Singapore, 114-121, 2002.

[33] J.Ledoux, L.Truffet, "Markovian bounds on functions of finite Markov chains", Adv. App. Prob. 33, 505-519, 2001.

[34] T. Lindvall, "Lectures on the coupling method", Wiley series in Probability and Mathematical Statistics, 1992.

[35] T. Lindvall, "Stochastic monotonicities in Jackson queueing networks", Prob. in the Engineering and Informational Sciences 11, 1-9, 1997.

[36] S.Mahevas, G.Rubino, "Bound computation of dependability and performance measures", IEEE Transactions on Computers, Vol.50, No.5, May 2001.

[37] M.J. O'Mahony, C. Politi, D. Klonidis, R. Nejabati, D. Simeonidou, "Future optical networks", IEEE J. Lightwave Technol., vol.24, pp. 4684-4696, Dec. 2006.

[38] W.Massey, "A family of bounds for the transient behavior of a Jackson Network", Journal of Applied Probability 23, 543-549, 1986.

[39] W. Massey, "Stochastic orderings for Markov processes on partially ordered spaces" Mathematics of Operations Research, Vol.12, No. 2, May 1987.

[40] L. Mokdad, H. Castel-Taleb, "Stochastic comparisons : a methodology for the performance evaluation of fixed and mobile networks", Computer Communications, Vol 31, Issue 17, Nov 2008, Elsevier.

[41] A.Muller, D. Stoyan, "Comparison methods for Stochastic Models and Risks", J. Wiley and son in Probability and Statistics, 2002.

[42] N.Pekergin, H. Taleb-Castel, "Stochastic bounds on the transient behaviors of the G-Network", Studia Informatica, Vol 23, 2002.

[43] G.Pujolle, S.Fdida, "Modèles de systèmes et de réseaux", Eyrolles, 1989.

[44] N.Sauze, et al., "A novel, low cost optical metropoltan ring architecture", in European Conference on Optical Communication (ECOC 2001), vol. 3.

[45] Shaked, M. and Shantikumar, J, "Stochatic Orders and their applications". Academic Press, Boston, 1994.

[46] G.Shantikumar, D.Yao, "Stochastic monotonicity in general queueing networks", J.Appl.Prob.26, 413-417, 1989.

[47] D.Sonderman, "Comparing semi-Markov processes", Mathematics of Operations Research, Vol. , No 1, Feb 1980.

[48] W.J. Stewart, "Introduction to the numerical solution of Markov chains", Princeton University Press, 1994.

[49] Szekli, R., "Stochastic orderings for queueing networks", http ://www.math.uni.wroc.pl/szekli/documents/networks2007.p

[50] K.Thomson, et al,"Wide-area internet traffic patterns and characteristics", IEEE Networks, vol 11, no. 6, pp 10-23, Nov./Dec. 1997.

[51] L. Truffet, "Reduction technique for discrete time Markov chains on totally ordered space using stochastic comparisons", J. App. Prob. 37 (3), 2000.

[52] B.Uscumlic, A.Gravey, M.Morvan, P.Gravey, " Impact of Peer-to-Peer traffic on the Efficiency of optical packet rings" , IEEE Broadnets 2008, UK, London, pp. 156-55, 8-11 Sept. 2008.

[53] W.Witt, "Stochastic comparisons for non-Markov processes", Mathemathics of Operations Research, Vol. 11, No. 4, Nov. 1986.

[54] S. Wittewrongel, "Discrete-time buffers with variable-length train arrivals", IEEE Electronic Letters, vol. 34, no. 18, pp. 1719-1721, 3 Sept. 1998.

[55] S. Yao, B. Mukherjee, S. Dixit, "Advances in photonic packet switching :an overview", IEEE Commun. Mag. , vol. 38, no. 2, pp. 84-94, Feb. 2000.

www.ingramcontent.com/pod-product-compliance
Lightning Source LLC
LaVergne TN
LVHW042350060326
832902LV00006B/508